IL A ÉTÉ TIRÉ DE CE LIVRE

20 exemplaires sur papier d'Arches,
numérotés de 1 à 20
et 1975 sur vélin bouffant.

VERLAINE PAR A. DE LA GANDARA

AD. VAN BEVER ET MAURICE MONDA

BIBLIOGRAPHIE

ET

ICONOGRAPHIE

DE

PAUL VERLAINE

PUBLIÉES

D'APRÈS DES DOCUMENTS INÉDITS

PARIS

ALBERT MESSEIN, ÉDITEUR

19, QUAI SAINT-MICHEL, 19

1926

Les indications contenues dans la présente Bibliographie ne portent que sur des publications antérieures à juin 1925. Divers ouvrages de Verlaine ont paru depuis et feront vraisemblablement l'objet d'un Supplément.

NOTE DES ÉDITEURS.

PRÉFACE

PAUL VERLAINE

1844-1896

Verlaine (Paul-Marie) est né à Metz, le 30 mars 1844, au n° 2 de la rue Haute-Pierre, proche de l'Esplanade.

La maison existe encore, elle est ornée aujourd'hui d'une plaque commémorative et le buste du poète, par le sculpteur James Vibert, vient d'être inauguré tout près des rives de la Moselle. Voici un fragment de l'acte de naissance du poète, tel qu'il fut relevé par Edmond Lepelletier à l'Hôtel de Ville de Metz :

« L'an mil huit cent quarante-quatre, le premier avril, à l'heure de midi, par devant nous, Jean Baptiste Pierre Sido, adjoint à la mairie de Metz, faisant les fonctions d'officier public de l'Etat-civil, est comparu Nicolas-Auguste Verlaine, âgé de quarante-six ans, né à Bertrix (Belgique), capitaine adjudant-major au deuxième régiment du génie, chevalier de la Légion d'Honneur et de Saint-Ferdinand d'Espagne, domicilié à Metz, rue Haute-Pierre, lequel nous a présenté un enfant, du sexe masculin, né le trente mars dernier, à neuf heures du soir, dans sa demeure, de lui déclarant,

et de Elisa Julie Josèphe Stéphanie Dehée, son épouse, âgée de trente-deux ans, née à Fampoux (Pas-de-Calais), sans profession, et auquel il déclare donner les prénoms de Paul Marie. »

Les premières années de Verlaine s'écoulèrent dans les garnisons de son père. En 1851, celui-ci ayant donné sa démission, vint se fixer à Paris, son fils Paul fut mis en pension rue Hélène, puis ensuite rue Chaptal, à l'Institution Landry, puis enfin au Lycée Bonaparte, depuis Lycée Condorcet. Reçu bachelier ès lettres en 1862, il entra comme employé à la Compagnie d'assurances « l'Aigle et le Soleil réunis ». Il devint ensuite (1864), expéditionnaire à la mairie de la rue Drouot, puis passa à l'Hôtel de Ville, bureau des Budgets et des Comptes.

A la fin de 1865, son père mourut, à demi ruiné par de malheureuses opérations de bourse et sa mère perdit à son tour une grosse partie de ce qui lui restait, dupée par des spéculateurs. Dès cette époque Paul Verlaine se lia avec Georges Lampestre, Armand Renaud, Léon Valade et Albert Mérat qui étaient ses collègues à l'Hôtel de Ville, il passait son temps, loin de son bureau, à discuter littérature avec eux. Puis dans le salon de Louis Xavier de Ricard, il se mêla au groupe des Parnassiens : Leconte de l'Isle, de Hérédia, Sully Prud'homme, Coppée, Léon Dierx, et Catulle Mendès.

En août 1870, Verlaine épousa Mlle Mathilde Mauté, sœur utérine du compositeur Charles de Sivry. Peu de temps après, la guerre éclata et le ménage dut quitter Paris, pour aller dans le Nord chez des parents. Là naquit bientôt la mésintelligence entre les époux. De retour à Paris, Mme Verlaine mit au monde un fils, Georges, mais cela ne rapprocha nullement l'époux fantasque et intempérant. A cette époque Verlaine fit connaissance d'Arthur Rimbaud qu'il introduisit dans son ménage, mais l'influence du jeune prodige fut telle, que Verlaine abandonna le toit conjugal pour suivre Rimbaud à Arras d'abord, puis en Belgique, puis enfin en Angleterre. Pendant ce temps, la femme du poète engageait contre lui un procès en séparation de corps. En 1873, Verlaine alla passer quelque temps à Jéhonville chez une parente. Rimbaud l'avait une première fois abandonné pour retourner à Charleville, sa ville natale, mais celui-ci le rejoignit bientôt et ils vagabondèrent de nouveau tous deux jusqu'au jour où se passa le drame de Bruxelles, qui se termina par la condamnation de Verlaine et son emprisonnement à Mons. Libéré le 16 janvier 1875, Verlaine se rendit dans sa famille à Arras, à Fampoux, dans les Ardennes, et en Angleterre où il enseigna le français, le latin et le dessin. Rentré en France en 1878, il fut professeur au collège de Rethel, puis il se fit cultivateur à Coulommes dans l'arrondissement de Vouziers. Mais son inexpérience lui fit bientôt abandonner cette profession fantaisiste et ces essais de culture se terminèrent par le départ en Angleterre du poète avec le fils d'un fermier, Lucien Létinois. Mais ce séjour à Londres ne dura que peu de temps, Verlaine revint à Paris en 1881 avec son compagnon, qu'une fièvre typhoïde emporta brusquement.

Les ressources de Mme Verlaine très diminuées, Paul Verlaine dut songer à vivre de sa plume, il s'y essaya courageusement jusqu'au jour où le goût de la culture le reprit, et en 1883, il s'installa avec sa mère à Coulommes. En 1885, une scène avec Mme Verlaine se termina, injustement d'ailleurs, par la condamnation de son fils à un mois de prison.

Sa peine purgée, Verlaine dut vendre sa ferme et revenir à Paris, plus pauvre qu'il n'en était parti. En 1886, Mme Verlaine mourut et alors commença pour le pauvre Paul cette existence de misère et de souffrance qui ne devait plus le quitter qu'à sa mort. Ses séjours dans les hôpitaux se succédèrent sans discontinuer, mais sa notoriété s'affirmait néanmoins; il eut un moment le désir de se présenter à l'Académie, toutefois, il négligea de faire les visites nécessaires. A la mort de Leconte de Lisle il fut élu prince des poètes par une jeunesse enthousiaste. On connaît ses liaisons bizarres, dont l'une lui permit cependant de mourir relativement heureux, le 8 janvier 1896, dans un logement presque convenable, au n° 39 de la rue Descartes

Voici l'acte de décès de Paul Verlaine :

« L'an mil huit cent quatre vingt seize, le neuf janvier à neuf heures du matin.

Acte de décès de Paul Verlaine, homme de lettres, âgé de cinquante et un ans, né à Metz (Moselle), décédé en son domicile, rue Descartes 39, le huit janvier courant à sept heures du soir; fils de Nicolas-Auguste Verlaine et de Elisa-Stéphanie-Julie-Josèphe Dehée, époux décédés. Divorcé de Mathilde-Sophie-Marie Mauté.

Dressé par nous, Célestin Guéret, adjoint au maire, officier de l'état civil du cinquième arrondissement de

Paris, sur la déclaration de Charles Daude, âgé de trente-cinq ans, et de Louis Lucet, âgé de vingt-six ans, employés place du Panthéon 9, y demeurant, non parents, qui ont signé avec nous après lecture (suivent les signatures) ».

Cette courte notice n'a d'autre but que de fixer les diverses étapes de la vie errante de Verlaine ; la bibliographie que nous avons entreprise établira de façon aussi précise que possible la carrière poétique de celui qui est considéré aujourd'hui à juste titre comme l'un de nos plus grands poètes, le plus parfait des mélomanes.

Il nous reste à exprimer notre gratitude envers ceux ou celles qui nous ont aidés de leur concours précieux, soit en nous fournissant d'utiles renseignements, soit en facilitant nos recherches multiples. Parmi eux, citons Mme Jules Huret, MM. Aman-Jean, G.-J. Aubry, Léon Belugou, Georges Bourdon, Jean Bourguignon, Joseph Canqueteau, F.-A. Cazals, professeur Anatole Chauffard, Fernand Clerget, Ernest Delahaye, Maître Georges Deligand, Georges-Emmanuel Lang, Armand Lods, Dr Ernest de Massary, Ernest Raynaud, Jehan Rictus, Alfred Saffrey, Dr Savignac, Félix Vallotton, etc.

Une bibliographie aussi complexe que celle de Paul Verlaine ne peut prétendre à l'infaillibilité ; de plus, elle ne peut être définitive, des poèmes ou des chroniques du poète étant sans cesse retrouvés ; chaque jour aussi de nouvelles éditions de luxe viennent grossir le nombre déjà considérable des réimpressions existantes et des portraits nouveaux augmenter l'iconographie du poète. Nous continuerons à noter soigneusement tout ce qui verra le jour *dans l'espoir d'une nouvelle édition de notre ouvrage. Nous sommes d'avance reconnaissants à tous ceux qui voudront bien nous aider dans la tâche que nous avons entreprise*[1].

1. Ainsi qu'on le vérifiera, la méthode que nous avons employée dans la présente Bibliographie est très simple. L'ouvrage est divisé en cinq parties : 1° Les Editions de Verlaine ; 2° Ses Préfaces ; 3° Les Publications qui insérèrent les textes originaux du poète ; 4° Les Ouvrages à consulter ; 5° L'Iconographie de Verlaine. Le tout est relié par un Index alphabétique des plus complets et qui sera, nous le supposons, fréquemment consulté par les admirateurs du maître.

A observer, toutefois, à propos des Publications pré-originales, que nous nous sommes efforcés à signaler, surtout, l'origine de chaque pièce, ou de chaque extrait. C'est donc à titre purement complémentaire qu'on *trouvera mentionnés plusieurs fois des textes ayant fait l'objet de diverses réimpressions dans des périodiques* qui reproduisirent par la suite les textes primitifs. Nous n'avons pas cru devoir par surcroît citer toutes les publications inspirées par Verlaine et son œuvre. On les trouvera dans des ouvrages spéciaux. Ne sont désignés ici que les travaux les plus complets touchant la vie et l'œuvre de l'auteur de *Sagesse*.

~~Mémoires d'un [illegible]~~

Epitaphe

Ici repose
qui fut une fille de
qui l'on ne dit rien,
une épouse vague,
une mère inconsciente.
De son vivant on
l'appelait :

LA PRINCESSE CERTAMÈNE.†

Elle faillit mettre aux prises deux hommes. Pourquoi ? Fut nuisible à deux poètes. Pourquoi ? Consacra le reste de ses jours à des visites, soirées et bals chez des bourgeois pervertis. La Foi lui fut indifférente, l'Espérance inconnue et la Charité lettre morte. Kleptomane en outre. Elle mourut d'une mort absurde sans le signe de la Croix, mais à son ombre que voilà, car la ~~Mi~~ Miséricorde divine est infinie.

—

† Mot latin tourné en désinence française qui signifie : Certamen, combats. Certamène, combative, « femme querelle » (V. [illegible])

I

ÉDITIONS DES ŒUVRES
DE
PAUL VERLAINE

POÈMES SATURNIENS. Paris, Alphonse Lemerre [Imprimerie D. Jouaust], MDCCCLXVI, in-18. Couverture jaune imprimée, portant la date de 1867[1]. 1 f. blanc; 2 ff. (faux-titre et titre), 1 f., préface en vers de l'auteur, plus 163 pp.; et 1 p. non chiffrée avec l'achevé d'imprimer, 2 ff. blancs. (On lit au verso le nom de l'imprimeur, avec cette mention : 20 octobre 1866.) Tirage de luxe : 5 Chine et 9 Hollande. (*Journal de la Librairie*, 17 novembre 1866). De plus, si l'on en croit une annonce de librairie, imprimée à la fin de l'édition originale du *Reliquaire* de François Coppée, quelques exemplaires auraient été tirés sur parchemin.

Ce recueil contient les premiers essais et les pièces les plus anciennes de l'auteur. Verlaine s'y montre fort influencé par les derniers romantiques, Baudelaire en particulier. Le volume eut sans doute passé inaperçu si Sainte-Beuve et, après lui, Théodore de Banville, Edmond de Goncourt et Leconte de Lisle n'eussent reconnu chez l'écrivain un poète de race. Voyez à ce sujet, dans le livre de Donos (*Verlaine intime*) les lettres du critique des *Lundis*, ainsi que celle de l'auteur des *Odes Funambulesques* (pp. 33 et 34). Les *Poèmes Saturniens* qui parurent la même année que *Le Reliquaire* de François Coppée, renferment sous ce titre : *Nocturne parisien*, le premier poème de Verlaine. La vente de l'ouvrage fut si lente qu'il restait encore des exemplaires de l'édition originale lorsque Léon Vanier songea à le réimprimer. Ce dernier dut même les racheter à l'éditeur Lemerre. Or, la version originale n'avait été tirée qu'à 491 exemplaires. On peut lire dans *Le Chasseur bibliographique*, à la

1. Cette particularité explique la confusion de Verlaine, qui, au verso de la couverture de certains de ses recueils, tels : *Les Poètes Maudits* et *Amour*, 1888, datait les *Poèmes Saturniens* de 1867.

date de février 1867, un curieux article d'Anatole France inspiré par les *Poèmes Saturniens*. En voici un fragment.

POÈMES SATURNIENS

Par Paul Verlaine[1].

L'impression que produit la lecture des *Poèmes Saturniens* est à peu près celle qu'on ressent à feuilleter une *Danse Macabre* du xve siècle. C'est tournoyant, vertigineux, fou et grave.

Un *Saturnien* conduit la ronde,

Or ceux-là qui sont nés sous le signe Saturne.....
Ont entre tous, d'après les grimoires anciens,
Bonne part de malheur et bonne part de bile ;
L'imagination inquiète et débile
Vient rendre nul en eux l'effort de la raison.

Les *Poèmes Saturniens* ont subi l'influence maligne de l'astre, ils sont dénués de raison, de cette raison du moins qui caractérise Boileau, M. Ponsard et Mr Prudhomme, de cette raison qui fait qu'on est toujours rasé frais et que, architecte, on bâtit la rue Rivoli (*sic*).

M. Verlaine compte pour peu l'usage, la tradition, « la génie de la langue et les exigences du goût français ». Il a une sainte haine du Commun et du Convenu, « fi de l'aimable » s'écrie-t-il.

« Et je hais toujours la femme jolie,
« La rime assonante et l'ami prudent ».

C'est par là qu'il est poète, c'est par là qu'il est artiste.

Artiste comme un maître imagier, comme un ciseleur florentin ; patient et infatigable. C'est la loi : il faut très patiemment fouiller pour donner la forme immortelle au Camée comme au pylône et pouvoir dire ensuite : « Ceci vivra ! »

Verlaine a magistralement exprimé ces choses en fermant son livre (*Epilogue*, p. 157) :

Ce qu'il nous faut à nous........

A nous qui ciselons les mots comme des coupes
Et qui faisons des vers émus très fortement,
A nous qu'on ne voit point les soirs aller par groupes
Harmonieux au bord des *lacs* et nous pâmant.

1. 1866, in-18 jésus. — Lemerre, passage Choiseul, 3 francs.

Ce qu'il nous faut à nous, c'est, aux lueurs des lampes,
La science conquise et le sommeil dompté,
C'est le front dans les mains du vieux Faust des estampes,
C'est l'Obstination et c'est la Volonté !

C'est la Volonté sainte, absolue, éternelle,
Cramponnée au projet comme un noble Condor
Aux flancs fumants de peur d'un buffle, et d'un coup d'aile,
Emportant son trophée à travers les cieux d'or !

La profession de foi est formelle. M. Verlaine avoue ne s'être pas senti une seule fois, arracher de son fauteuil par l'*Enthousiasme, aigle vainqueur;* et n'avoir pas eu besoin le moins du monde de se cramponner à sa table pour n'être, comme Ganymède, jeté *aux pieds des immortels*.

Ainsi, lecteurs austères qui dédaignez la forme pour ne vous attacher qu'à la pensée, n'ouvrez pas les *Poèmes Saturniens*. Verlaine est un styliste ; ce pauvre poète a besoin de mots pour exprimer sa pensée et s'obstine à les choisir ; et, comme il juge que la meilleure forme est la seule bonne, cela lui crée un travail effroyable.

J'avoue, que pour ma part, il m'est impossible de goûter une idée à moins qu'elle ne soit exprimée, qu'il me semble aussi insensé de séparer la forme du fond, qu'un parfum d'une cassolette ; enfin le poète qui traduit sa pensée avec des mots est, m'est avis, comme le peintre qui fait le portrait d'une belle inconnue : la pensée de l'un et le modèle de l'autre ne nous apparaîtront que tels que la plume et le pinceau nous les auront faits.

C'est pour cela que je sais à M. Verlaine grand gré du souci qu'il montre de la Forme.

La sienne n'est pas parfaite assurément, sa langue, très énergique et très gracieuse parfois, est aussi par moments obscure et entortillée.

Son vers très savant gagnerait souvent à plus de simplicité. Il fait des tours de force. La Muse comme une belle femme doit avoir le col flexible et les reins souples, mais il est inutile qu'elle prenne à chaque instant ses talons avec ses dents, comme il est d'usage parmi les acrobates. Le vers de M. Verlaine n'est pas souple, il est désarticulé, sa coupe ordinaire devient la grande exception tant l'auteur a de coupes nouvelles à sa disposition.

Que de richesses aussi pour l'avenir ! Quelle promesse de science et d'originalité !

Plus qu'une promesse. Lisez la mort de Philippe II. C'est de l'école de Velasquez, le dernier trait est superbe :

« Sur le corps froid les vers se mêlèrent aux poux.
— Philippe-Deux était à la droite du père. »

Il y a de l'aqua-fortiste dans Verlaine, son *César Borgia* est une bonne eau-forte.

Tout saturnien qu'il est, Verlaine rit quelquefois, de M. Prudhomme, par exemple :

« Et le printemps en fleurs brille sur ses pantoufles. »

Mais le rire du poète ressemble plus, d'ordinaire, à la grimace artistique et fantaisiste d'une gargouille d'église, qu'à l'épanouissement béat du bien-être, sur le visage rubicond d'un homme heureux.

Les *Poèmes Saturniens* sont l'œuvre d'un artiste véritable, convaincu, austère, mais un peu enfiévré, pas assez calme. Je lui demanderai ce qu'il demande lui-même à sa « charmante ».

« De la douceur, de la douceur, de la douceur. »

Puisqu'il a la Force, qu'il ait la Sérénité, sa compagne éternelle. Alors, plus calme, il ne dépassera pas le but. Sa Muse n'aura plus de ces bonds de panthère et ces sauts de ouistiti qui fatiguent et déconcertent. Elle marchera de ce pas qui la fera reconnaître déesse. »

On trouvera, d'ailleurs, dans la bibliographie établie par M. Montel, d'intéressants extraits d'une lettre écrite alors par Mallarmé à l'auteur des *Poèmes Saturniens.* Cette lettre, datée de Besançon, le 20 décembre 1866, serait, dit-on, la première que l'auteur de *L'Après-Midi d'un Faune* écrivit à Verlaine. Elle démontre que les poèmes de ce dernier étaient mieux qu'un essai d'écolier. On sait que les *Poèmes Saturniens*, réimprimés en partie dans l'édition choisie des poésies de Verlaine, portent, dans ce dernier recueil, une dédicace à Eugène Carrière.

Après avoir donné une réimpression de *Fêtes Galantes*, de *Romances sans Paroles* et de *Sagesse*, Vanier résolut de faire paraître, en 1890, une nouvelle édition du premier ouvrage de Verlaine.

Par le traité qui cédait à l'éditeur le droit de publier cette réimpression, Verlaine lui abandonnait la propriété de tous ses ouvrages en préparation, pour être réunis sous le titre d' « Œuvres complètes ».

POÈMES SATURNIENS. Paris, Léon Vanier [Imprimerie Ch. Hérissey, à Evreux], 1890, in-16. Couverture imprimée et repliée. 2e édition, tirage à 750 exemplaires, 2 ff. blancs, plus 2 ff. (faux-titre et titre); 1 f. non numéroté; 148 pages; 2 ff. blancs (*Journal de la Librairie*, 7 juin 1890). Voyez dans la *Revue d'aujourd'hui* du 15 mars 1890, un intéressant article intitulé : *Critiques des Poèmes Saturniens*, consacré par l'auteur à cette nouvelle édition. Ces pages qui pouvaient, selon l'esprit de Verlaine, servir de préface à une édition ultérieure, ont été reproduites, mais incomplètement dans les *Œuvres posthumes*, II, p. 245. On trouvera dans la *Correspondance* (II. p. xx), le fragment omis par l'éditeur.

Chose assez curieuse à relever, en traitant avec Léon Vanier (le 27 mars 1888), pour la réimpression de son livre, le poète accordait pour la première fois à son éditeur « le privilège exclusif et sans aucune restriction de faire paraître ses ouvrages et de les réunir ensuite sous le titre d' « *Œuvres Complètes* ».

POÈMES SATURNIENS. 3e édition, Paris, L. Vanier 1894, in-18. (Imprimerie de Charles Hérissey, à Évreux.)

POÈMES SATURNIENS. Illustrations de H. Bouché-Leclercq. Paris, A. Messein, 1914, in-8°. [Imprimerie E. Durand]. Tirage à 500 exemplaires plus 50 exemplaires sur Japon, souscrits par M. René Kieffer. Tous les exemplaires sont numérotés. Achevé d'imprimer le

14 février 1914. Sur la couverture, on lit : *Poésies de Paul Verlaine*. Les exemplaires de luxe comportent une suite verdâtre sur Japon français.

LES AMIES. Sonnets par le licencié Pablo de Herlagñez (*sic*). Ségovie [Bruxelles, Poulet-Malassis], MDCCCLXVIII, petit in-8°, 16 pp., y compris le faux-titre, au verso duquel se trouvent la justification du tirage et le titre rouge et noir, plus 1 f. non chiffré, pour la table, et 1 f. blanc. Texte encadré d'un filet rouge. Couverture muette, de couleur verte. Tirage à 50 exemplaires sur papier vergeté en long au filigrane de 1868 ; savoir : 44 sur papier de Hollande, 4 sur grand papier de Hollande et 2 sur papier de Chine.

Cet ouvrage est formé de six sonnets, dont le dernier, intitulé : *Sappho*, a été cité par la *Bibliographie Gay*, tome I, p. 115. La destruction en a été ordonnée par jugement du tribunal de Lille le 6 mai 1868. (Voyez *Le Moniteur* du 19 septembre de cette même année.) L'éditeur Poulet-Malassis fut condamné à 500 francs d'amende et aux dépens. On sait qu'il existe une contrefaçon de cette édition. Par la suite, *Les Amies* ont été réimprimées, non seulement en 1870, mais également dans *La Revue Indépendante* (octobre 1884), enfin dans l'édition de *Parallèlement*, en 1889. Voyez dans la *Correspondance* de Paul Verlaine, les lettres à Poulet-Malassis, ainsi que les réponses de ce dernier (I, pp. 267-272). Il y a environ vingt ans, Remy de Gourmont acquit, en feuilles, d'un bouquiniste des quais, environ quarante exemplaires de cet ouvrage qu'il fit brocher — également sous une couverture muette, de couleur chinée et rougeâtre — et qu'on vendit au *Mercure de France*, sous la rubrique dite « Petite Tribune des Collectionneurs ». Ces exemplaires valaient cinq francs.

Bien que portant la date de 1868, *Les Amies* parurent à la fin de 1867. (Voyez, plus loin, p. 35, les notices de *Parallèlement*.)

LES AMIES. Sonnets par le licencié Pablo de Herlagñez (*sic*). Ségovie, 1868, petit in-16. Contrefaçon de l'édition précédente, reconnaissable aux particularités suivantes :

1° Les vergetures du papier sont horizontales dans l'édition originale et verticales dans la contrefaçon.

2° L'article *Les*, dans le titre, est en noir dans la première édition et en rouge dans la contrefaçon.

3° Dans la justification du tirage, l'indication du mot *Chine* commence par une minuscule dans le texte original et par une capitale dans la contrefaçon.

4° Le mot *balcon* porte, de plus, un *b* minuscule dans la première édition et un *b* majuscule dans la contrefaçon (Cf. *Catalogue de la Vente provenant de la Bibliothèque de M. F. V*[*andérem*]. Paris, H. Leclerc, 1921, in-8°).

LES AMIES. Scène d'amour sapphique. Sonnets par le licencié Pablo de Herlagñez (*sic*). Ségovie, MDCCCLXX, petit in-16. 16 pp., y compris le faux-titre, au verso duquel se trouve la justification du tirage et le titre. Au revers du titre, est placée la table. Tirage à 100 exempl., sur papier vergé, plus quelques volumes de couleur jonquille. Vignette d'éditeur. Titre en noir. Couverture gris-verdâtre. Sur le plat inférieur, on lit une annonce en français et en anglais relative à des « ouvrages curieux sur la flagellation. »

LES AMIES. Aux dépens d'un groupe d'amateurs. Sonnets agrémentés de vignettes en camaïeu et de culs-de-lampe gravés sur bois, par Gabriel Daragnès. Bayonne, A l'Enseigne de la Guirlande, 1919, petit in-4°. Voyez, à propos de cette édition, le *Catalogue des Livres illustrés par Daragnès*. [Paris], G. Andrieux, s. d. [22-27 nov. 1924, in-8°, p. 37].

LES AMIES. Scène d'amour sapphique. Sonnets. Sept planches hors-texte dessinées par Henri Farge et reproduites par Léon Marotte. Paris, Messein, 1921, in-4°, broché. Tirage à 225 exemplaires.

LES AMIES. Filles. Treize pointes sèches, rehaussées de couleurs et culs-de-lampe, par Gustave Buchet. « Le Livre », 1921, grand in-8°. Tiré à 480 exemplaires.

Voyez également : *La Trilogie érotique de Paul Verlaine* (*Les Amies. Femmes. Hombres.*) Édition illustrée de 15 eaux- fortes par Van Troizem et augmentée d'un avant-propos par un bibliophile Verlainien. A Paris et à Londres, 1907, in-8°.

FÊTES GALANTES. Paris, Alphonse Lemerre [Imp. L. Toinon et Cie, à Saint-Germain], MDCCCLXIX, petit in-12, couverture chamois clair, imprimée, 2 ff. blancs, plus 1 f. (faux-titre) ; 1 f. (titre) ; 54 pages ; 1 f. non chiffré (achevé d'imprimer) et 2 ff. blancs. Tirage de luxe : 10 exemplaires sur Chine. Au verso du faux-titre, on lit : du même auteur : *Poèmes Saturniens* et *Les Vaincus*. Voyez le *Journal de la Librairie* du 10 juillet 1869.

Peu d'œuvres, on le sait, eurent plus de succès que ce mince recueil, où le poète évoquait, en vers idylliques, les grâces surannées du XVIIIe siècle. Pour ne citer qu'un des critiques qui firent, aux *Fêtes galantes* un chaleureux accueil, nous mentionnerons Théodore de Banville, avec ce fragment d'article publié dans le *National* du 19 avril 1869 :

« Il est des esprits affolés d'art, épris de la poésie plus que de la nature qui, pareils au nautonier de l'Embarquement pour Cythère, au fond même des bois tout vivants et frémissants rêvent aux magies de la peinture et des décors, qui, en entendant chanter le rossignol et murmurer le zéphyr, regrettent les accords des harpes et des luths, et qui, même dans les antres sauvages, dans les retraites sacrées des nymphes déchevelées et nues, veulent des Amintes et des Cydalises savamment coiffées et vêtues de longues robes de satin couleur de pourpre et couleur de rose! A ceux-là, je dirai : Emportez avec vous les *Fêtes Galantes* de Paul Verlaine, et ce petit livre de magicien vous rendra, suave, harmonieux et délicieusement triste, tout le monde idéal et enchanté du divin maître, des comédies amoureuses du grand et sublime Watteau. »

On lira, de plus, dans l'ouvrage de Charles Donos : *Verlaine intime*, p. 58, une curieuse lettre de Victor Hugo adressée au poète, en remerciement du volume, et datée de Hauteville House, le 16 avril 1869 :

« Vous êtes un des premiers, écrivait alors l'auteur de la *Légende des siècles*, un des plus puissants, un des plus charmants, dans cette nouvelle légion sacrée des poètes que je salue et que j'aime, moi le vieux pensif des solitudes.

« Que de choses délicates et ingénieuses dans ce joli petit livre les *Fêtes galantes!* « Les coquillages! » quel bijou que le dernier vers! Je vous envoie tous mes vœux de succès et mon plus cordial shake-hand. »

On n'ignore point qu'ainsi que pour les *Poèmes Saturniens*, Verlaine dut à nouveau faire les frais de l'édition de son livre. *Fêtes Galantes* fut, par ce fait, imprimé à tirage restreint, soit 350 exemplaires. L'achevé d'imprimer date du 20 février 1869. L'ouvrage parut d'abord sans dédicace, mais l'auteur en fit hommage à Félicien Champsaur, lors de la publication du *Choix de Poésies* en 1891.

Charles Donos assure que, pour faire face à certaines difficultés de sa vie, Verlaine tenta de céder à un éditeur parisien le droit de publier une édition illustrée des *Fêtes Galantes*. Le volume dut paraître chez l'éditeur Pelletan, mais les relations qui unissaient le poète et Vanier empêchèrent Paul Verlaine de donner suite à son projet.

FÊTES GALANTES. Paris, Léon Vanier, 1886, petit in-18, 2e édition. [Tiré sur les presses de Paul Schmidt, à Paris, pour le « bibliopole » (*sic*) Léon Vanier, le 30 août 1886.] Titre en rouge. Couverture imprimée, en parchemin et repliée, 2 ff. blancs ; 2 ff. (faux-titre et titre) plus 54 pp., 1 f. non ch. (achevé d'imprimer) et 2 ff. blancs. Tirage à 500 exemplaires, plus 100 exemplaires d'auteur. *Journal de la Librairie*, 15 janvier 1887.

FÊTES GALANTES. Paris, Léon Vanier, 1891 et 1896, in-16.

FÊTES GALANTES. Drame-Ballet en 2 actes, vers d'A. Remacle adjoints au poème de P. Verlaine, musique d'Adrien Remacle. In-18. Meissen, éditeur.

FÊTES GALANTES. Paris, Société artistique du Livre illustré, 1899, petit in-4°, soixante-neuf dessins de A. Gerardin, gravés sur bois par les membres de la Société. Tirage à 250 exemplaires, soit 10 exemplaires sur satin, numérotés de 1 à 10; 10 exemplaires sur Japon, numérotés de 11 à 20; 75 exemplaires sur Chine; et 145 exemplaires sur vélin de cuve.

D'après Georges Vicaire (*Manuel de l'Amateur de Livres au XIXe siècle*), il existe un prospectus illustré, de 4 pages, donnant les conditions de la souscription.

FÊTES GALANTES. Paris, Meunier, 1903, in-4°. Illustrations de Robaudi, gravées à l'eau-forte, en couleurs et reproduites à la poupée. Tirage à 125 exemplaires, vendus reliés par l'éditeur.

FÊTES GALANTES. Paris, Ferroud, 1913, grand in-8°. Dessins et eaux-fortes de Léon Lebègue. Tirage à 512 exemplaires, dont 95 sur Japon.

FÊTES GALANTES. Illustrations en couleurs de Robert Bonfils. Paris, A. Messein, 1915, in-8°. Imprimerie E. Durand. Tirage à 500 exemplaires; plus 50 exemplaires sur Japon, souscrits par M. René Kieffer. Tous les exemplaires sont numérotés. Pas d'achevé d'imprimer. Sur la couverture, on lit : *Poésies de Paul Verlaine*. Les exemplaires de luxe comportent une suite en bleu, sur Japon français.

FÊTES GALANTES. Avec trente et une lithographies originales de Charles Guérin. Paris, Helleu, 1919, in-8°.

FÊTES GALANTES. [Les Manuscrits des Maîtres.] Portrait d'après le tableau du Louvre de Fantin-Latour Avertissement d'Ernest Delahaye. Paris, Messein, 1920, in-4°, couverture gris-verdâtre. Tirage à 999 exemplaires.

Reproduction d'un manuscrit de Verlaine. Deux pièces manquent. Elles sont reproduites en typographie, la seconde contient la deuxième strophe autographiée.

LA BONNE CHANSON. Paris, Alphonse Lemerre [Saint-Germain, Imp. L. Toinon et Cie], MDCCCLXX, petit in-12. Couverture crème, imprimée. 1 f. blanc; 2 ff. (faux-titre et titre); 38 pages, plus 1 f. non chiffré (achevé d'imprimer) et 1 f. blanc. Au verso du faux-titre, cette annonce du même auteur : *Poèmes Saturniens*, *Fêtes Galantes*. En préparation : *L'Esprit d'analyse*, *Les Vaincus*. Tirage à 10 exemplaires sur Chine; 10 sur Whatman; 20, sur Hollande et 550 exemplaires ordinaires.

Annoncé à la *Bibliographie de la France*, le 3 décembre 1870, ce petit volume, achevé d'imprimer le 12 juin précédent, ne devait paraître qu'en 1872. On sait que les événements en retardèrent la publication. C'est ce livre charmant, inspiré à Verlaine par sa fiancée, — Mlle Mathilde Mauté de Fleurville, — que Victor Hugo qualifiait de la sorte : « Une fleur dans un obus ». — Composés en partie à Paris, en partie à Arras, où Verlaine était allé passer ses vacances, les vingt et un poèmes qui constituent ce recueil ne semblent offrir qu'une œuvre incomplète. L'histoire de *La Bonne Chanson* se peut lire dans les *Confessions* du poète (Cf. *Œuvres Complètes*, V, pp. 129-134-158-159-166). On trouvera, là, trois petits poèmes qui ne purent y prendre place (*O l'Innocence que j'adore*, etc.) ainsi qu'une dédicace imprimée par la suite dans les

Œuvres Posthumes, tome II, p. 231 (*Faut-il donc que ce petit livre, etc.*) — A la vente Le Petit, en 1918, un exemplaire de l'ouvrage, contenant l'autographe de cette même pièce, adressée à son inspiratrice, monta jusqu'à 5 000 francs.

Bien que *La Bonne Chanson* ait connu le mauvais sort des œuvres publiées au moment de la guerre de 1870, elle ne passa pas complètement inaperçue. Théodore de Banville donnait lors de l'apparition de ce livre, dans le *National* du 17 juillet 1870, cette curieuse appréciation :

« Paul Verlaine est au suprême degré un homme de son pays, de son temps et de sa génération ; de cette génération trop tard venue après que les lauriers étaient coupés : il a eu les ennuis, les irritations, les sourdes colères ; il nous a révélé dans les *Poèmes Saturniens*, toutes les douleurs, toutes les angoisses qui troublaient son jeune esprit, de même que dans ses *Fêtes Galantes* il s'est montré artiste de race, ouvrier exquis, en prêtant de suprêmes ironies et de mélancoliques élégances à ses pâles fantoches vêtus de satin et devisant d'amour au clair de lune. Aujourd'hui, par un de ces divins miracles dont par bonheur la tradition n'est pas perdue, Paul Verlaine retrouve à la fois dans son nouveau livre les gaietés, les espérances et les vaillantes candeurs sereines de son âge, car c'est pour une chère fiancée qu'a été assemblé ce délicieux bouquet de poétiques fleurs que le même artiste, toujours aussi savant mais devenu heureux, appelle si justement *La Bonne Chanson*. Et comment en donner mieux l'idée qu'en citant ces quelques vers dans lesquels on voit les enchantements et les féeries de l'aube matinale :

Avant que tu ne t'en ailles,
Pâle étoile du matin,
— Mille cailles
Chantent, chantent dans le thym... »

Ainsi que les précédents recueils — *Poèmes Saturniens* et *Fêtes Galantes*, — *La Bonne Chanson* fut publiée aux frais de l'auteur. Son débit en fut si lent qu'il restait encore des exemplaires dans le fonds de l'éditeur lorsque Léon Vanier s'engagea à en donner une nouvelle édition.

LA BONNE CHANSON. Paris, Léon Vanier, 1891, in-18. 2ᵉ édition, imprimée sur papier de Hollande.

[Imprimerie Hérissey, 27 février 1891.] Couverture imprimée, 2 ff., plus 44 pp. et 2 ff. blancs.

LA BONNE CHANSON Paris, Léon Vanier, 1898, in-18.

LA BONNE CHANSON. Illustrations en couleurs de Paul Guignebault. Paris, A. Messein, 1914, in-8°. [Imprimerie E. Durand.] Tirage à 500 exemplaires, plus 50 exemplaires sur Japon, souscrits par M. René Kieffer. Tous les exemplaires sont numérotés. Achevé d'imprimer le 15 avril 1914. Sur la couverture, on lit : *Poésies de Paul Verlaine.* Les exemplaires de luxe comportent une suite en bistre, sur Japon français.

ROMANCES SANS PAROLES. *Ariettes oubliées. Paysages belges. Birds in the Night. Aquarelles.* Sens, Typographie de Maurice Lhermitte, 1874, in-12, 48 pp. y compris le faux-titre et le titre, plus 1 f. non chiffré pour la table. Tirage à 300 exemplaires, sur papier vergé teinté. La couverture violacée porte : « Paris, chez tous les libraires[1]. » On lit au verso du titre : « Du même auteur. *Poèmes Saturniens... Fêtes Galantes... La Bonne Chanson... Les Vaincus... Théâtre : Les Uns et les Autres...* comédie en un acte, en vers. *Madame Aubin...* drame en deux actes, en prose. *Le Clavecin*, opéra-bouffe en un acte. En préparation : *L'Ile. L'Esprit d'analyse. Aventures d'un homme simple.*

Cette édition a été établie par les soins de Edmond Lepelletier, et corrigée d'après les indications du poète, incarcéré à Mons. « On connaît l'histoire de ce livre qui, par opposition à l'un des premiers

1. Quelques exemplaires rachetés par Vanier présentent au bas de la dite couverture une étiquette avec le nom de ce dernier.

recueils de l'auteur, devait s'intituler tout d'abord : *La Mauvaise Chanson*[1]. Composé de pièces écrites lors du premier séjour que Verlaine fit en compagnie de Rimbaud dans les Ardennes Belges et sur la terre anglaise, le mince volume était achevé à la fin de décembre 1872, et le poète se proposait de le faire imprimer à Londres, sur les presses de *L'Avenir*, journal politique français fondé par Eugène Vermersch — et dont la vie fut éphémère. Le destin devait en décider autrement. Après divers pourparlers qui n'aboutirent point, Verlaine se décidait à envoyer son manuscrit à Lepelletier, en le priant instamment de le faire accepter par un éditeur parisien, sauf Alphonse Lemerre, lequel, on le sait, avait fait paraître ses premiers vers.

« Tu recevras, en même temps que cette lettre — lui écrivait-il de Jehonville, le 19 mai 1873, — le *phameux manusse* (*sic*) ». Et il ajoutait : « C'est très en ordre, très revu. Les épreuves, après examen, tu me les enverrais ; je te les renverrais un jour après. Je voudrais bien que ça fût vite fait. Quoi ! quatre cent et quelques vers[2], c'est l'affaire de quinze jours... ! Je tiens beaucoup à la dédicace à Rimbaud. D'abord, *comme protestation*, puis, parce que ces vers ont été faits, lui étant là et m'ayant poussé beaucoup à les faire ; surtout, comme témoignage de reconnaissance pour le dévouement et l'affection qu'il m'a témoignés toujours, et principalement quand j'ai failli mourir[3]... »

Diverses démarches tentées par Lepelletier restèrent sans effet[4]. Même en acceptant de pourvoir aux frais d'impression de l'ouvrage, Verlaine sur lequel une légende fâcheuse s'était établie, ne voyait aucun libraire disposé à accueillir ses poèmes. Des semaines passèrent, des mois également, pendant lesquels l'infortuné poète, hanté de vagabondage, perdit peu à peu l'espoir de se faire imprimer, lorsqu'à la suite du drame de Bruxelles et de son incarcération à la Maison Cellulaire de Mons, il reçut de son correspondant la pro-

1. Voyez les Notes consacrées à *Romances sans Paroles*, dans l'édition des « Maîtres du Livre ».

2. Lisez : quatre cent soixante dix-neuf vers.

3. *Correspondance de Paul Verlaine*, I, pp. 101-102. L'ouvrage parut sans dédicace.

4. Le volume fut d'abord offert à l'éditeur Lechevalier, mais ce dernier ne l'ayant point accepté, il fut ensuite porté chez l'imprimeur Claye. Les prix demandés par ce dernier rendirent la publication impossible.

messe que le livre allait enfin voir le jour. Touchante consolation pour le pauvre prisonnier! Laissons, d'ailleurs, à Lepelletier le soin de nous apprendre comment se fit l'édition. « Cette petite plaquette, écrivait-il treize années plus tard (exactement le 1er août 1887, dans *L'Écho de Paris*), tirée sur papier teinté, avec couverture bleue, fort soignée comme typographie, a été imprimée sous ma surveillance immédiate, à Sens, en 1873. Je me trouvais dans cette petite ville, pourchassé par l'état de siège, à la suite de la suppression, par le général Ladmirault, de notre journal *Le Peuple Souverain*, publié à Paris par Valentin Simond et Victor Simond, son frère, avec Paul Meurice, Auguste Vacquerie, Lockroy, Henry Becque, etc. pour rédacteurs. Nous avions été installer à Sens nos bureaux et transporter nos presses... On tirait le journal dans une petite imprimerie provinciale... Nous avions emporté de Paris quelques types variés de caractères, notamment des italiques de 9. Ce furent ces italiques qui servirent à composer les *Romances sans Paroles*... Pour occuper les loisirs de la vie provinciale, je m'étais fait éditeur. Le mince volume parut donc avec l'en-tête de Maurice L'Hermitte, imprimeur à Sens (Yonne). Le dépôt légal fut fait à la sous-préfecture et au parquet de Sens. Aucun exemplaire ne fut mis en vente; sauf une *cinquantaine d'exemplaires* que Verlaine reçut par la poste, tous les autres volumes furent expédiés par moi à des auteurs célèbres, critiques, journalistes, éditeurs et amis personnels, sur une liste dressée avec beaucoup de soin par Paul Verlaine. Toutes les dédicaces sont de ma main. »

Ajoutons que le livre fut achevé en mars 1873 et que les exemplaires d'auteur parvinrent au poète le 27 du même mois.

On trouvera dans la *Correspondance de Verlaine*, et particulièrement au tome I qui contient les lettres à Edmond Lepelletier, les détails les plus précis sur la publication de *Romances sans Paroles*. Verlaine affectionnait ce livre, en lequel s'exprime tout son génie et qui, malgré de regrettables coquilles, lui rappelait les meilleures heures de son inspiration. Le manuscrit qui servit à l'impression appartient aujourd'hui presque intégralement à M. Alfred Saffrey, et c'est à ce généreux ami des livres que nous en avons dû la communication[1]. Enfin, un exemplaire de l'édition originale, cor-

1. On lit sur l'enveloppe renfermant l'ensemble de ces poèmes autographes, cette note de la main de Edmond Lepelletier : « Manuscrit original de Paul Verlaine ; pièces de vers des *Romances sans Paroles* pour

rigé par l'auteur, est conservé à la Bibliothèque du British Museum sous cette cote : 11483, ee, 30[1]. Parmi les pièces qui composent ce recueil, six des plus caractéristiques figurent dans les lettres de Verlaine à Émile Blémont[2] ; deux autres — et ce sont les seules que nous ayons découvertes dans des périodiques — ont paru dans *La Renaissance*, revue littéraire fondée en 1871.

ROMANCES SANS PAROLES... Édition nouvelle, Paris, Léon Vanier, 1887, in-18. (Typographie Paul Schmidt.) Couverture saumon. [Titre et nom de l'éditeur imprimés en rouge.] Portrait de l'auteur, sur Chine, par A. des Gachons. Tirage à 600 exemplaires, dont 100 exemplaires d'auteur.

Les corrections nécessitées par la mauvaise composition du texte original, n'ont été faites qu'en partie ainsi, que dans les éditions suivantes. Cette nouvelle édition de *Romances sans Paroles*, a été annoncée dans la *Bibliographie de la France* le 17 septembre 1887.

ROMANCES SANS PAROLES. Édition nouvelle, Paris, Léon Vanier, 1891, in-16, papier vergé.

ROMANCES SANS PAROLES. Paris, Léon Vanier, 1899, in-16.

ROMANCES SANS PAROLES. Haarlem, sans nom d'éditeur, 1913, petit in-16. Couverture muette. 1 f.

l'Imprimerie de Sens... Donné à M. Saffrey, bibliophile, par moi. E. L. » Malheureusement, sur les vingt-trois pièces qui constituent la totalité du recueil, cinq font défaut ; soit les numéros I à IV de la série des *Ariettes oubliées*, ainsi que le poème intitulé : *Charleroi*. Les quatre premières sont mentionnées dans *l'Annuaire des ventes de Livres*, publié par Delteil (octobre 1918-juillet 1920, p. 400 : Ms. de 5 pp. in-12, accompagnant un exemplaire d'épreuves avec corrections. Vente B. ; la dernière appartient, croyons-nous, à M. Louis Barthou.

1. Les corrections de cet exemplaire, qui sont assez nombreuses, mais peu importantes, ont été relevées obligeamment pour nous dans la réimpression de 1924 (Voyez page 19.).

2. *Correspondance*, t. I, pp. 293-295, 301, 310-311.

blanc ; 2 ff. (faux-titre et titre) ; 47 pp. (la dernière page porte l'achevé d'imprimer au verso), plus 1 f. blanc. Tirage à 130 exemplaires sur Japon. Faux-titre en noir, titre en rouge. Les titres des parties sont en bleu, les titres des poèmes et le texte des épigraphes en rouge. Sous l'achevé d'imprimer, cul-de-lampe décoratif, tiré en bleu.

Le texte de cette réédition a été établi par de Zilverdistel, à La Haye et tiré sur les presses à bras de Johannes Enschedé en Zonen. L'achevé d'imprimer porte la date du 30 octobre MCMXIII.

ROMANCES SANS PAROLES. Illustrations en couleurs de Ch. Picart Le Doux. Paris, A. Messein, 1920, in-8°. Imprim. E. Durand. Tirage à 500 exemplaires, plus 50 exemplaires sur Japon, souscrits par M. René Kieffer. Tous les exemplaires sont numérotés. Pas d'achevé d'imprimer. Sur la couverture, on lit : *Poésies de Paul Verlaine*. Les exemplaires de luxe comportent une suite en bleu, sur Japon français.

ROMANCES SANS PAROLES. Illustrations en couleurs de Léon Lebègue. Paris, Ferroud, 1921, in-16 broché. (Collection des Conteurs et Poètes.)

ROMANCES SANS PAROLES. *Suivi de Poèmes d'inspiration anglaise*. Édition revue sur les textes originaux. Portrait et compositions gravées sur bois par Paul Baudier. Paris, G. Crès (*Les Maîtres du Livre*), 1923, in-16, huit pages non chiffrées, garde, faux-titre et titre plus 140 pages. Réimpression critique du texte de la première édition, accompagnée de notes et de variantes, publiée par Ad. van Bever. Le texte de *Romances sans Paroles*, décoré de bois en couleurs, est suivi là de quinze poèmes extraits d'autres recueils de Verlaine et inspirés par les divers séjours que fit ce dernier en Angleterre.

Le *Supplément littéraire du Figaro* du 23 janvier 1924 signale une pièce de même origine que l'éditeur considérait jusqu'ici comme introuvable. Nous donnons ces vers sous toutes réserves :

LONDON BRIDGE

Regarde ces flots noirs, ce grand fleuve de boue
Roulant tous les débris fangeux de la Cité :
Tu verras par moment briller une clarté,
Une paillette d'or où le soleil se joue.

Et si tu peux, regarde à présent dans mon cœur !
Peut-être y verras-tu quelque vague lumière ;
C'est comme un souvenir de sa beauté première,
Et c'est assez, vois-tu, pour le rendre meilleur.

Car l'espoir est pareil au soleil qui se joue ;
Tous deux ont le pouvoir de créer ces clartés :
Quelques rêves divins pour les cœurs dévastés
Et quelques reflets d'or pour les fleuves de boue.

Londres, 1875.

SAGESSE, Paris, Société générale de Librairie Catholique. Ancienne Maison Victor Palmé. Bruxelles, Ancienne Maison Henri Goenaere, MDCCCLXXXI. (Imprimerie de Ch. Hérissey, Evreux), in-8°. Couverture beige imprimée, 1 f. blanc, 2 ff. (faux-titre et titre), 1 f. (*A ma mère*) plus 106 pp. et 1 f. blanc. (Le texte n'est accompagné d'aucune table.) Au verso du faux-titre, on lit : En préparation : *Amour*, *Voyage en France par un Français*.

Composé de pièces, écrites, pour la plupart, ainsi que certaines de *Parallèlement* et *d'Amour* dans la maison cellulaire de Mons et sous le coup d'une inspiration mystique (1873), *Sagesse* renferme, en outre, des poèmes écrits en divers lieux et des vers de circonstance destinés à grossir le recueil. Une de ces pièces se trouvait déjà dans *Romances sans Paroles ;* elle disparut lors de la seconde édition, pour faire place à deux poèmes nouveaux. L'ouvrage, on le sait, fut publié à 500 exemplaires, aux dépens de l'auteur et coûta à ce dernier 549 fr. 90 de frais d'impression. Bien qu'il n'ait point été mentionné dans le *Journal de la Librairie*, il bénéficia d'une publicité spéciale proposée par l'éditeur, à 340 journaux habitués, pour la plupart, à accueillir favorablement les publications ultra-catholiques. Le hasard nous a permis de retrouver le texte même d'une sorte de « prière d'insérer » composé par le poète et destiné à faire connaître le livre à la presse. Voici ce curieux document :

« Nous annonçons avec plaisir la publication d'un volume de vers, paru chez l'éditeur Palmé. L'auteur, M. Paul Verlaine, déjà connu dans le monde des lettres, par des livres qui ont eu un vif succès auprès des amateurs de la vraie poésie, donne, cette fois, une note toute nouvelle. Sincèrement et franchement revenu aux sentiments de la foi la plus orthodoxe, il applique aujourd'hui son vigoureux talent à traiter des sujets chrétiens. D'ailleurs rien de banal dans ces poésies, où se trouvent agités les problèmes les plus subtils de l'âme et de la conscience. Par instants, des cris d'indignation s'échappent de son cœur catholique à la vue de ce que nous devons subir en ces temps malheureux. Mais la forme, toujours savante, conserve à l'ouvrage le ton hautement littéraire qui lui assure un grand succès de bon aloi.[1] »

Pas plus, hélas ! que pour ses autres recueils le succès ne vint, tant espéré par l'auteur, et le livre conservé pendant de longues années sur les rayons de la Maison Palmé, ne s'épuisa que grâce à la générosité des amis du poète. Il ne fallut pas moins de huit années pour qu'un nouvel éditeur songeât à réimprimer cet ouvrage aujourd'hui célèbre.

Ajoutons que quelques pièces destinées primitivement à *Sagesse*, ont été écartées par l'auteur et réunies par la suite dans *Amour*. Voyez : *Cellulairement*.

SAGESSE. *Nouvelle édition revue et corrigée*. Paris, Léon Vanier, 1889, Évreux, Imp. Ch. Hérissey ; in-18, couverture beige, imprimée et repliée, 2 pp. numérotées en chiffres romains (préface) ; 4 ff. non chiffrés (garde, faux-titre, titre et dédicace) et 133 pp. (table comprise)[2].

1. Parmi les feuilles régionales qui accueillirent cette note, il faut citer : *La Vraie France*, *Le Conciliateur de Tarascon et de Beaucaire* ; *Le Citoyen de Marseille*, *Le Pas-de-Calais*, etc.

2. La dédicace est ainsi conçue dans cette nouvelle édition : *A la mémoire de ma mère. P. V.* (*mai 1889*). La mère du poète était morte en 1886.

On sait que dans cette réimpression le poème intitulé : *Bruxelles, Chevaux de Bois*, publié dans l'édition précédente, a disparu pour faire place à deux pièces nouvelles (XVII et XVIII, pages 122-124) l'une débutant ainsi :

Toutes les amours de la terre...

et l'autre par ce vers :

Sainte Thérèse veut que la pauvreté soit...

Ces deux pièces se retrouvent dans toutes les réimpressions de *Sagesse* : soit dans celles publiées par le même éditeur en 1893, en 1896, en 1899 et chez son successeur, M. Albert Messein, Paris, 1909. — Cette réimpression de *Sagesse* a été annoncée, à la *Bibliographie de la France*, le 19 octobre 1889.

SAGESSE. *Edition revue sur les manuscrits de l'auteur et accompagnée de notes et de variantes*. Portrait gravé sur bois par P. E. Vibert. Paris, G. Crès et Cie (Les Maîtres du Livre), 1911, in-18 Jésus. De l'imprimerie Philippe Renouard, à Paris, XVIII pp. (Avertissement de l'éditeur et préface de l'auteur) plus 212 pages. Tirage à 680 exemplaires, soit 20 sur papier du Japon et 660 sur vergé d'Arches. (Il existe deux sortes d'exemplaires sur papier d'Arches, les uns teintés, les autres sur vergé blanc. Ces derniers sont du format in-16 soleil.)

Cette édition, publiée par Ad. van Bever, reproduit la version originale, parue chez Palmé ; elle est accompagnée de notes et de variantes, ces dernières empruntées à un curieux manuscrit ayant appartenu à Charles de Sivry, beau-frère de Verlaine (et actuellement en la possession de M. Edouard Champion) ainsi qu'à la Correspondance de l'auteur. Composé en 1881, le manuscrit de Sivry est dédié à la femme du poète. L'ouvrage renferme, non seulement les deux pièces ajoutées à la seconde édition, mais deux autres poèmes tirés du manuscrit mentionné ci-dessus, et supprimés par l'auteur : 1. *J'ai naguère habité le meilleur des châteaux*; 2. *Ce soir, je m'étais penché sur ton sommeil*. On sait que ces deux poèmes ont été réimprimés l'un dans *Amour*, et l'autre dans *Jadis et Naguère*.

Le volume contient, de plus, cinq pages reproduites en fac-similé d'après le manuscrit de Sivry.

SAGESSE. Soixante-dix images en couleurs de Maurice Denis, gravées par Beltrand. Paris, Ambroise Vollard, 1911, in-4°. Tirage à 250 exemplaires sur papier de Hollande.

PAUL VERLAINE. SAGESSE. *Manuscrit remis en 1880 à la Société de Librairie catholique pour l'impression de la première édition.* Avertissement d'Ernest Delahaye. Portrait [en héliogravure] d'après Eugène Carrière. Paris, Albert Messein [« Les Manuscrits des Maîtres] », 1913, in-8°. Tirage à 922 exemplaires. Imprimerie Hérissey, Evreux. Ainsi que l'indique le titre, cette édition est un fac-similé du manuscrit de l'édition originale de *Sagesse.* Imprimé sur papier scolaire, réglé, et d'un seul côté de la page, il reproduit la ponctuation et renferme les corrections primitives du poète. Remarquons, toutefois, qu'il est incomplet de trente-quatre vers aux deux dernières pièces (feuillets 95, 96 et 98).

SAGESSE, Paris, Edition Calmann-Lévy, 1923, in-16. Tirage à 1600 exemplaires sur vélin du Marais.

SAGESSE. Illustrations en couleurs de Daniel Richard. Paris, A. Messein, 1924. Imprimerie E. Durand, in-8°. Tirage à 500 exemplaires, plus 50 exemplaires sur Japon, souscrits par M. René Kieffer. Tous les exemplaires sont numérotés. Achevé d'imprimer en janvier 1924. Sur la couverture, on lit : *Poésies de Paul Verlaine.* Les exemplaires de luxe comportent une suite en bistre, sur Japon français.

LES POÈTES MAUDITS. *Tristan Corbière. Arthur Rimbaud. Stéphane Mallarmé.* Paris, Léon Vanier

(Imprimerie L. Epinette, 16, boulevard Saint-Germain) 1884, in-18. Couverture beige clair, imprimée. Titre et nom d'éditeur en rouge. 2 ff. (faux-titre et titre) plus 56 pages. (Les 4 premières pages sont numérotées en chiffres romains.) On lit sur le titre : Cet ouvrage n'est tiré qu'à 253 exemplaires. (Page IV et p. 16, portraits hors-texte de Tristan Corbière et de Arthur Rimbaud, d'après Carjat ; p. 42, portrait hors-texte de Stéphane Mallarmé, d'après Manet (sur Chine). Voyez la *Bibliographie de la France* du 19 avril 1884. On sait que le recueil des *Poètes Maudits*, dont le texte parut d'abord dans *Lutèce*, fut non seulement le premier volume de prose de Verlaine, mais également le premier ouvrage du poète qu'édita Vanier. Le pauvre Lelian avait enfin trouvé un éditeur qui consentait à publier à ses frais, ses ouvrages, et même à lui verser des droits d'auteur. Il renferme la leçon originale de six poèmes de Rimbaud.

La préface de cet ouvrage ayant été supprimée par l'éditeur lors de la réimpression des « Œuvres Complètes », nous croyons utile d'en donner ici le texte :

AVERTISSEMENT

A PROPOS DES PORTRAITS CI-JOINTS

Les portraits que nous donnons ici sont d'une parfaite authenticité.

Celui de Tristan Corbière remonte à 1875, année même de la publication des *Amours jaunes*, et de sa mort.

On voit que sa fin fut prématurée à outrance.

Ajoutons biographiquement que son prénom n'était pas Tristan, mais Edouard.

« Edouard » était sonore et formait avec « Corbière » un croassement dans le ton. Aussi notre goût à nous eût été de garder ce retentissant « Christian Name », bien anglais et bien breton. Mais notre goût n'a pas été celui du poète, et, sans nul doute, se trompe.

Etienne Carjat photographiait M. Arthur Rimbaud en octobre

1871. C'est cette photographie excellente que le lecteur a sous les yeux, reproduite ainsi que celle d'après nature aussi, de Corbière, par le procédé de la photogravure. N'est-ce pas bien « l'Enfant Sublime » sans le terrible démenti de Chateaubriand, mais non sans la protestation de lèvres dès longtemps sensuelles et d'une paire d'yeux perdus dans des souvenirs très anciens plutôt que dans un rêve même précoce? Un Casanova gosse, mais bien plus expert-ès-aventures ne rit-il pas dans ces narines hardies, et ce beau menton accidenté ne s'en vient-il pas dire : « va te faire lanlaire » à toute illusion qui ne doive l'existence à la plus irrévocable volonté ? Enfin, à notre sens, la superbe tignasse ne put être ainsi mise à mal que par de savants oreillers d'ailleurs foulés du coude d'un pur caprice sultanesque. Et ce dédain tout virile d'une toilette inutile à cette littérale beauté du diable !

Manet a peint Mallarmé dans une attitude et à un âge immémoriaux en dépit des cigare et veston qu'affectionnait pour ses portraits d'hommes le grand artiste moderniste si intuitif et si fin sous le dandysme de sa bonhomie. Ici le poète est en quelque sorte apothéosé, *immortalisé*. Serait-ce aller trop loin que de se souvenir du Cherubini d'Ingres? La Muse n'est pas visible bénissant le génie, mais elle est là tout de même et c'est une bien autre muse pour un bien autre génie ! Et si Mallarmé avait posé pour Ingres, Ingres eût-il mieux fait que Manet ? Non !

La reproduction d'après également une photographie très belle fait le plus grand honneur à notre ami Blanchet qui a vaincu là par son patient et naïf rendu des difficultés insurmontables à ce chic dont on ne veut plus pour rien au monde en bon lieu.

C'est l'occasion de féliciter notre précieux collaborateur de ses Corbière et M. Rimbaud, l'un très hautain, très « vais m'en aller », l'autre étonnant d'adolescence exquise et d'effrayante maturité.

On a rarement, nous ne craignons pas de le dire, reproduit par des moyens plus simples, partant plus grands, peut-être plus sûrs, des physionomies mieux faites pour la fougue, croiraient d'aucuns, pour l'enragé d'un burin sans frein.

A bien y regarder pourtant, de même que les vers de ces chers Maudits sont très posément écrits, (nous n'en voulons pour preuve que leurs perfections de toute sorte) de même leurs traits sont calmes, comme de bronze un peu de décadence, mais qu'est-ce que décadence veut bien dire au fond? ou de marbre polychrome, — et alors à bas le faux romantisme et vive la ligne pure, obstinée (non moins amusante) qui traduit si bien, à travers la structure matérielle, l'idéal incompressible !

Il y a quelque chose d'impassible dans ces visages bizarres et tous les trois très beaux, — remarquez-le bien — qui donne irrévocablement raison aux vers sans égaux qu'on va lire et à cet humble mais entêté commentaire.

Excusez seulement les fautes du commentateur. Quant à son enthousiasme, aimez-le, tant mieux pour lui, ne le comprenez pas, tant pis pour vous ! Voilà. P. V.

Paris, le 25 février 1884

LES POÈTES MAUDITS. *Nouvelle édition ornée de six portraits par Luque. Tristan Corbière. Arthur Rimbaud. Stéphane Mallarmé. Marceline Desbordes-Valmore. Villiers de l'Isle-Adam. Pauvre Lélian.* Paris, Léon Vanier, 1888 [Imprimerie Louis Boyer et Cie, à Asnières], in-18. Couverture beige clair, imprimée, 2 ff. (faux-titre et titre; au verso du faux-titre, on lit une bibliographie des œuvres de Paul Verlaine), 102 pp., plus 1 f. non chiffré (Table) et 1 f. blanc.

L'ouvrage, ainsi que le mentionne le titre, est orné de portraits hors-texte. Édition en partie originale, tirée à 600 exemplaires, dont 100 exemplaires d'auteur. (Point d'exemplaires de luxe.) Voyez la *Bibliographie de la France* du 31 août 1889. La partie inédite contenue dans ce volume devait former primitivement la matière d'une deuxième série des *Poètes Maudits*. On sait que ce projet n'eut pas de suite. (Cf. *Correspondance*, II, p. 161.)

Cette édition augmentée est précédée d'un Avant-propos emprunté à la notice consacrée à Tristan Corbière, dans l'édition originale, mais que l'éditeur n'a pas cru devoir reproduire dans les *Œuvres Complètes*. Nous en donnons le texte ci-après :

« C'est « Poètes Absolus » qu'il fallait dire pour rester dans le calme, mais outre que le calme n'est guère de mise en ces temps-ci, notre titre a cela pour lui qu'il répond juste à notre haine et, nous en sommes sûr, à celle des survivants d'entre les Tout-Puissants en question, pour le vulgaire des lecteurs d'élite — une rude phalange qui nous la rend bien.

Absolus par l'imagination, absolus dans l'expression, absolus comme les Reys Netos des meilleurs siècles.

Mais maudits !

Jugez-en. »

LES POÈTES MAUDITS, etc., Paris, Léon Vanier, 1900, in-16.

JADIS ET NAGUÈRE. Paris, Léon Vanier [Imprimerie de Léo Trezenik], 1884, in-18 jésus. Couverture bleu azur, gaufrée, avec le titre imprimé en bistre ; 159 pp. y compris faux-titre et titre, plus 1 f. n. ch. pour l'achevé d'imprimer. Tirage à 500 exemplaires.

Composé en grande partie de pièces écrites entre les années 1868 et 1874, ce recueil renferme quelques-unes des productions juvéniles de l'auteur. Suivant la Correspondance de Verlaine, le livre conçu d'abord sur un plan différent, devait porter ce titre : *Les Vaincus*. On en trouve la première mention au verso du faux-titre de *Fêtes Galantes* et ensuite de *La Bonne Chanson*, publiés l'un en 1868, et l'autre en 1870. « Veux-tu accepter dans *Les Vaincus*, — écrivait Paul Verlaine à son ami Edmond Lepelletier, le 23 mai 1873, — la partie qui s'appelle *Sous l'Empire*, la plus grosse du volume et contenant *le Monstre*[1] *; le Grognard ; Soupe du soir ; Crépuscule du matin ; les Loups*, toutes choses que tu connais, et, par le fait, point compromettantes... Réponds. » Et il ajoutait, de la prison de Mons, en novembre suivant : « Je travaillotte aux pièces dont je t'ai parlé. J'espère, en sortant, être à la tête de six actes, dont un en prose, et d'un volume de vers dont tu as quelques fantaisies, comme *L'Almanach*, et ce qui va suivre : cinq ou six petits poèmes, — tu en as un : *L'impénitence finale*. Il y en a

1. *Le Monstre*, poème de quarante-quatre vers alexandrins, publié dans *Le Nain Jaune*, du 28 septembre 1868, et non recueilli dans les œuvres du poète. (Voyez la *Correspondance*, II.)

encore trois finis. Rimbaud les a. Ma mère en a copie ; ce sont des récits plus ou moins diaboliques. Titres : *La Grâce ; Don Juan pipé ; Crimen amoris,* — 150, 140, 100 vers ; le volume aura à peu près 1 200 vers. » Malgré les prévisions que nous venons de rapporter, l'ouvrage ne devait paraître, très modifié dans l'esprit et dans la forme, que onze ans plus tard, alors que l'auteur, fixé momentanément, avec sa mère, à Coulommes, par Attigny, dans les Ardennes, s'efforçait de trouver, loin de Paris et de ses funestes tentations, une vie nouvelle, toute de recueillement et de rusticité. L'ouvrage, tiré à 500 exemplaires et achevé d'imprimer le 30 novembre 1884, ne fut annoncé à la *Bibliographie de la France* que le 3 janvier 1885.

Le texte autographe de *Jadis et Naguère*, qui a servi à l'impression du recueil, appartient actuellement à M. Aubert. Les lettres de Verlaine à Edmond Lepelletier et à Léon Valade publiées dans la *Correspondance* du poète, t. I, contiennent neuf pièces du présent livre : I. *Dizain mil huit cent trente* ; II. *Sonnet boiteux ;* III. *Luxures ;* IV. *Vendanges ;* V. *Paysage ;* VI. *Un Pouacre ;* VII. *Amoureuse du Diable* ; VIII, *Art poétique* et IX. *La Princesse Bérénice*, ainsi qu'une pièce fragmentaire : *Le Bon Alchimiste* [*Images d'un sou*] ; enfin, un manuscrit de Verlaine, composé vers 1889 : *Cellulairement*, et remis en lumière assez récemment, nous fournit une leçon parfois différente du texte de treize pièces du même ouvrage soit : I. *Kaléidoscope ;* II. *Dizain mil huit cent trente ;* III. *Sonnet boiteux ;* IV. *Art poétique ;* V. *Vendanges ;* VI. *Images d'un sou ;* VII. *Paysage ;* VIII. *Un Pouacre ;* IX. *Crimen Amoris ;* X. *La Grâce ;* XI. *L'Impénitence finale ;* XII. *Don Juan pipé ;* XIII. *Amoureuse du Diable.*

On trouvera, au surplus, sous la rubrique des Publications Préoriginales de Verlaine, un état aussi complet que possible des poèmes de *Jadis et Naguère*, qui figurent dans les périodiques.

JADIS ET NAGUÈRE. Nouvelle édition. Paris, Léon Vanier [Imprimerie Charles Hérissey, à Évreux], 1891, in-16 jésus, 2 ff. non ch. (faux-titre et titre), plus 159 pp. ; papier vergé. Couverture gris-vert, imprimée. Tirage à 1 000 ex., plus 100 ex. d'auteur. Édition annoncée au *Journal de la Librairie* le 16 mars 1891. Les corrections de l'auteur de cette réimpression portent particulièrement sur la dernière partie de l'ouvrage

(*Naguère*) et sont presque toujours identiques au texte du manuscrit de *Cellulairement*. Voyez cet ouvrage. Dans cette nouvelle édition, certaines fautes, relevées sur le texte original, ont disparu, mais pour faire place à de nouvelles incorrections, souvent plus graves que les premières. La ponctuation en a été modifiée dans un sens qui fait regretter la sobriété de l'édition princeps. Réimpression du même ouvrage en 1903.

JADIS ET NAGUÈRE. Édition revue sur les textes originaux et accompagnée de notes et de variantes. Frontispice gravé sur bois par Paul Baudier. Paris, Georges Crès et Cie (*Les Maîtres du Livre*) MCMXXI, in-16 grand Jésus, 4 ff. liminaire (faux-titre et titre), plus 198 pp. et un f. pour l'achevé d'imprimer. Édition critique établie par Ad. van Bever et publiée à 1 990 exemplaires sur papier de Rives, savoir : 60 exemplaires grand vélin ; 55 exemplaires sur vélin bleu et 1 875, sur vélin teinté, tous numérotés. Ornements typographiques dessinés et gravés par P. E. Vibert.

JADIS ET NAGUÈRE. Illustrations de Léon Voguet. Paris, A. Messein, 1921, 8°. [Imprimerie Hérissey.] Tirage à 500 exemplaires plus 50 exemplaires sur Japon souscrits par M. René Kieffer. Tous les exemplaires sont numérotés. Pas d'achevé d'imprimer. Sur la couverture, on lit : *Poésies de Paul Verlaine*. Ces exemplaires de luxe comportent une suite en bistre, sur Japon français.

LES MÉMOIRES D'UN VEUF. Paris, Léon Vanier [Imprimerie Louis Boyer, à Asnières], 1886, in-18. Couverture imprimée, gris-beige, 2 ff. (faux-titre et titre) ; 224 pages, plus 1 f. blanc. Tirage à 1 100 exemplaires sur vélin et 15 sur Hollande.

Dédié à Edmond Lepelletier, qui avait facilité la publication de certains fragments dans le journal *Le Réveil*, en février 1883, ce livre, au dire de l'auteur « n'est qu'une pure collection de souvenirs personnels dont celui de sa propre femme est un des moindres ». (Cf. *OE. C. Confessions*, V, p. 111.) A en croire les papiers laissés par l'éditeur Vanier, le volume pour lequel l'auteur avait traité le 16 février 1886, était à cette époque complètement achevé, mais il ne contenait pas, en vérité, toute la matière que Verlaine s'était proposé d'y introduire[1]. Ce dernier, en effet, dès 1887, faisant état de sa collaboration à divers périodiques, entendait donner une suite à son ouvrage et faire paraître de second *Mémoires d'un Veuf*. On trouvera dans les *OEuvres posthumes* I, 287 et II, 183, quelques-uns des morceaux destinés à ce nouveau recueil. D'autres ont été cités dans la *Correspondance*, II, 79, 93, 105, 109, etc... Le livre parut vers la fin de 1886.

Parmi les articles inspirés par les *Mémoires d'un Veuf*, on peut lire les curieuses lignes suivantes, publiées par Émile Verhaeren dans l'*Art Moderne* (*Livres nouveaux de Paul Verlaine, 14 novembre 1886*) :

« ... On s'attend à une autobiographie nette et menée sincèrement tout au long des chapitres. Ceux qui aiment Verlaine, autant homme qu'artiste supérieur, se laissent charmer par l'étiquette. Erreur. Certes, les souvenirs narrés sont souvenirs personnels, mais ils sont d'une intimité lointaine, peu profonde et comme extérieure. Le volume est une sorte de flânerie à travers une vie, flânerie des yeux, des rêves, des pas — l'âme et le cœur, que rarement ils se confessent et s'analysent !

« Les *Mémoires d'un Veuf* sont néanmoins tels quels, un livre de marque. Une douceur de résigné flotte dans les tableaux et les récits. Certains sont délicats et fragiles, originalement présentés et toujours d'une note sincère. Parfois de l'excellent. Ainsi cette aumône discrète à un enfant dans *Nuit Noire* :

« Et le veuf s'arrête, infiniment ému. Il fouille dans sa maigre poche, opération lente à cause de l'ulster et du veston à retrousser, et de gants fourrés du Louvre à défaire, et c'est d'une main tremblante, en poire (telle celle d'une vraie dévote dans l'aumônière

1. Par contre *Les Mémoires d'un Veuf* devaient primitivement être publiés avec *Louise Leclercq*. Le projet fut abandonné, d'un commun accord, par l'auteur et par l'éditeur.

de M. le curé) qu'il dépose en quelque sorte, au fond de la timbale d'étain, comme par crainte d'offenser la fierté des yeux morts pourtant du seul vrai pauvre d'entre cette foule de pauvres, une petite pièce, — d'or ou d'argent, — sa main gauche ne le sait pas.

« Ceci si doucement fait, si discret et avec une fuite si glissante et comme pudique, que le petit aveugle s'écrie d'une voix cassée, mais combien pénétrante.

« Merci, madame! »

Nous sommes loin de Coppée, n'est-ce pas? quoique le sujet soit « petit épicier ».

Le style de M. Verlaine est d'une entière simplicité. Des raccourcis? peu, mais excellents; des mots familiers? en masse, presque des mots et des locutions d'enfant, des tournures un peu peuple.

« Exemple: « Le mien de chien: »

« Style nouveau, trempé à la source de Jouvence des idiômes...

« ... M. Verlaine, tant en prose qu'en vers, est un manieur de verbes exquis. Personne n'a su mieux adapter les mots et leurs sons, et leur couleur et leurs lointains aux pierroteries et aux arlequinades et aux fêtes galantes... »

L'édition originale des *Mémoires d'un Veuf* est précédée d'une dédicace à Edmond Lepelletier, qu'on chercherait en vain dans la réimpression des *Œuvres Complètes*. En voici le texte :

« Mon cher Edmond, voici quelques pages sous un titre énorme, qui ne sont ni un petit roman, ni un recueil de minuscules nouvelles, mais bien des parcelles d'une chose vécue en quelque sorte sous tes yeux. Il n'y a pas de sous-entendus dans cet opuscule. Néanmoins, comme le public n'a pas besoin de lire entre les lignes et n'éprouverait aucun plaisir, même méchant, à le faire, j'ai dû envelopper certains passages, que toi seul et deux ou trois autres comprendrez, de généralités à l'usage du lecteur inconnu. Bien des opinions nous séparent aujourd'hui, nous n'avons même plus, sauf sur le bon sens initial et sur les Lettres férocement idolâtrées de moi qu'une idée commune, qui est de nous garder intacte la vieille amitié si forte et si belle.

Agrée donc cette dédicace toute simple comme mon cœur, mais sincère et chaude comme ma main quand elle serre la tienne. »

P. V.

LOUISE LECLERCQ. *Le Poteau. Pierre Duchâtelet. Madame Aubin* (un acte), Paris, Léon Vanier [Imprimerie Louis Boyer et Cie, à Asnières], 1886, in-18. Couverture imprimée, gris-beige, 2 ff. (faux-titre et titre); 116 pages; 1 f. (table des Matières), et 1. f. blanc. Edition tirée vraisemblablement à 1100 exemplaires, plus 22 exemplaires sur Hollande et mise en vente presque en même temps que *Les Mémoires d'un Veuf.*

Le principal récit qui constitue cet ouvrage : *Louise Leclercq*, fut écrit dans les premiers mois de l'année 1885. Il devait figurer dans les *Mémoires d'un Veuf*. L'ouvrage parut alors que Verlaine sollicitait son admission à l'hôpital Broussais. *Madame Aubin*, dont la composition est postérieure aux autres parties du volume, fut représentée pour la première fois aux soirées du café Procope, en octobre 1894. Primitivement, cette saynète devait comporter deux actes. Enfin, on sait que *Le Poteau* parut tout d'abord dans la *Revue Indépendante.* Le traité échangé entre Vanier et Paul Verlaine pour *Louise Leclercq*, porte la date du 4 mars 1886. On y observe la particularité suivante : « Si *Madame Aubin* venait à être jouée à l'Odéon, ou ailleurs, M. Verlaine céderait à M. Vanier le droit exclusif d'imprimer et publier à part cette pièce en brochure et d'en tirer le nombre d'exemplaires qu'il lui plairait, moyennant 100 francs de droits d'auteur. »

LES HOMMES D'AUJOURD'HUI (1886-1892). Vingt-sept biographies publiées périodiquement. Paris, Léon Vanier, sans date, sous la forme de fascicules petit in-4° de 4 pages.

Voyez les « Publications Pré-originales. »

AMOUR, Paris, Léon Vanier [Imprimerie de E. Capiomont et Cie], 1888, in-18 jésus. Couverture gris-vert, imprimée, 4 ff. liminaires (garde, faux-titre, titre et dédicace : *A mon fils Georges Verlaine*), plus 174 pp. et un dernier feuillet de garde. Tirage à 600 exemplaires (dont 100 exemplaires d'auteur), et 50 sur papier de Hollande. On cite en outre, un exemplaire imprimé sur papier rose et ayant appartenu à M. Ronald Davis. — Voyez le *Journal de la Librairie* du 26 mars 1888.

Composé, en grande partie, de poèmes publiés dans des revues et des périodiques, au cours des années 1882 à 1888, *Amour* ne parut qu'à la fin du premier trimestre de 1888, retardé moins encore, peut-être, par les modifications de l'auteur que par l'instabilité de son existence. Si nous en croyons la Correspondance de Verlaine, la conception de l'ouvrage remonterait au 19 novembre 1875. « Vous ai-je dit, — écrit alors le poète à son ami Emile Blémont, — que j'avais deux volumes en train : *Sagesse*... et *Amour* dont deux fragments ci-joints. » (Les deux fragments joints à la lettre furent publiés dans *Sagesse*.) Le recueil ne se trouva formé que douze ans plus tard, des pièces non recueillies dans *Sagesse*, du « lamento » de Lucien Létinois, enfin de diverses productions nouvelles, destinées à grossir le volume. « *Amour*, note Verlaine, dans une épître datée du 15 février 1887, paraîtra, si tout marche au gré de mes vœux, dans les environs d'avril-mai, ou quelque chose comme ça. Il y manque encore une couple de cent vers qui seront véhéments et tendres autant que possible. »

Le volume achevé à l'hôpital[1], ne devait pas dépasser quinze cents vers et trente-huit poèmes. Verlaine se proposait de garder pour un prochain livre quelques-unes de ses compositions. Il ne fut mis en librairie que l'année suivante. Voyez la *Correspondance*, t. II et, en particulier, une lettre à Léon Vanier du 8 janvier 1888. Cette dernière est suivie de la table des poèmes qui figurent dans *Amour*.

Dans *Verlaine intime*, p. 166, Charles Donos a rappelé le mauvais état du manuscrit remis à l'imprimerie par l'auteur de *Sagesse*. « Des ratures, dit-il, des surcharges de mots, des emplâtres huileux et des pâtés d'encre zèbrent chaque feuillet, nécessitant l'usage presque constant de la loupe. Sur l'ébauche au crayon d'un sonnet

1. On trouvera, sous la rubrique des Publications Pré-originales, un état, aussi complet que possible, des pièces qui, à notre connaissance, furent insérés dans des revues et des journaux littéraires.

le poète retrace à la plume le même sonnet, mais il n'a cure d'opérer ce repérage de façon à couvrir exactement d'encre la lettre d'abord tracée à la mine de plomb. On devine les difficultés que Verlaine connut à composer et à corriger son œuvre dans une salle commune de l'Hôpital Broussais, le soir et à la lueur incertaine d'une bougie, dont un abat-jour improvisé tamisait l'éclat, afin de ne point troubler le sommeil de ses compagnons d'infortune. »

AMOUR. Nouvelle édition revue et augmentée. Paris, Léon Vanier, 1892, in-16. Au verso du faux-titre on lit la liste des ouvrages du même auteur.

Revue et légèrement corrigée, ce qui ne l'empêche point de contenir encore, ainsi que la précédente, quelques fautes et coquilles, cette édition renferme une pièce nouvelle : IV. *Ma Cousine Élisa, presque une sœur aînée...*, ce qui porte à XXV le nombre des poèmes constituant l'inoubliable série sur Lucien Létinois. En ajoutant à son œuvre ces vers inédits Verlaine semblait donc tenir la promesse qu'il avait faite, dans une lettre à F.-A. Cazals, du 9 août 1889 : « Je grossirai le lamento sur *Lucien Létinois.* » Sans doute l'eut-il augmenté d'autres pièces encore s'il n'avait projeté de faire figurer celles-ci dans *Bonheur* qui parut en 1891. Voir ce titre.

AMOUR. Édition revue sur les textes originaux et accompagnée de notes et de variantes. Frontispice gravé sur bois par Paul Baudier. Portrait de l'auteur d'après Pearon, gravé par Georges Aubert. Paris, G. Crès, (*Les Maîtres du Livre*) MCMXXI, in-16, grand jésus 5 ff. n. chiffrés (faux-titre, titre, dédicace), plus 168 pp. et 1 f. pour l'achevé d'imprimer. Édition critique, établie par Ad. van Bever et publiée à 1 990 exemplaires sur papier de Rives, savoir 60 grand vélin, 55 vélin bleu, et 1875 sur vélin teinté, tous numérotés. Ornements typographiques dessinés et gravés sur bois par P. E. Vibert. Il a été tiré un carton de remplacement pour tous les exemplaires des pages 115-116, 125-126, corrigeant une lettrine fautive de la page 126.

L'ouvrage est accompagné de notes et de variantes fort nombreuses.

Voyez : *Les Uns et les Autres*.

AMOUR. Illustrations de Th. Himmel. Paris, A. Messein, 1922, in-8°. Imprimerie E. Durand. Tirage à 500 exemplaires, plus 50 exemplaires sur Japon, souscrits par M. René Kieffer. Tous les exemplaires sont numérotés. Achevé d'imprimer en avril 1922. Sur la couverture, on lit : *Poésies de Paul Verlaine*. Les exemplaires de luxe comportent une suite en bistre, sur Japon français.

PARALLÈLEMENT. Paris, Léon Vanier [Imprimerie Ch. Hérissey, à Evreux], 1889, in-18. Couverture beige clair, imprimée et repliée. 1 f. blanc; 3 ff. (faux-titre, titre et préface) ; 116 pages, plus 1 f. blanc. (*Journal de la Librairie*, 26 octobre 1889.) Tirage à 500 exemplaires et 100 exemplaires d'auteur.

En 1888, l'éditeur Léon Vanier préparant la première édition de *Parallèlement* avait l'intention de l'orner d'une eau-forte. Il annonçait, en effet, sur la couverture de l'édition originale d'*Amour* (1888), comme étant sous presse : *Parallèlement*, avec frontispice de Rops. M. Armand Lods possède une lettre de Rops à Verlaine, datée de juillet 1888, dans laquelle l'artiste annonce qu'il a terminé ce frontispice, après avoir lu le manuscrit du poète.

Pour des raisons qui n'ont pas été suffisamment éclaircies, Rops abandonna tout projet de décoration et le volume parut non illustré, à la date du 26 octobre 1889, suivant l'annonce du *Journal de la Librairie*. Peu de livres eurent plus de succès et tinrent une telle place dans l'œuvre de l'écrivain. Comme *Sagesse*, le recueil renferme à la fois des pièces fort anciennes, révélant le séjour de Verlaine à la prison de Mons et d'autres, de composition plus récente, les unes datant de 1874, les autres composées de 1886 à 1888. Alors qu'il préparait pour l'impression son recueil d'*Amour*,

Verlaine écrivait à Ed. Lepelletier (le 28 novembre 1887) : « J'ai un autre [livre] tout prêt, assez hardi comme *orgiaque*, sans trop de mélancolie. Ça fait partie de tout un ensemble dont *Sagesse* est le frontispice, *Jadis et Naguère* une partie, le livre dont je parle — *Parallèlement* — une autre partie, et *Bonheur*, dont il y a une bonne moitié d'achevée, la conclusion). »

Parallèlement a été tiré, selon les conventions échangées par l'auteur avec Léon Vanier, à 600 exemplaires. Ainsi que nous l'avons relevé plus loin (voyez : *Bonheur*), quelques exemplaires, assez rares, de cette édition originale comportent à la suite de la table, un double feuillet offrant le texte d'un poème inédit de *Bonheur*. Ce court poème intitulé : *Chasteté*, débute ainsi : *Guerrière militaire et virile en tous points*... et il est accompagné de la note qui suit : « Il nous a semblé intéressant de donner au lecteur de *Parallèlement* la primeur de cette dernière pièce de Paul Verlaine, reçue de lui pour son prochain livre : *Bonheur* ». On voit dans la *Correspondance* (II, p. 158) que le poète ne manqua point de protester contre le procédé de son éditeur, car, malgré l'affirmation de ce dernier, Verlaine n'avait été nullement avisé de ce genre de publication.

Ainsi que *Jadis et Naguère* et qu'*Amour*, *Parallèlement* est composé d'œuvres écrites antérieurement. *Les Amies*, qui avaient paru en 1867 y composent une des parties. Verlaine leur a adjoint *Filles*, dont la pièce liminaire, dédiée à la *Princesse Roukhine*. parut dans *La Vogue* en 1886. On sait aujourd'hui que cette princesse Roukhine s'appelait en réalité Marie Gambier. Verlaine a conté son histoire dans *Deux mots d'une fille* (cf. *Histoires comme ça*), et récemment, M. Ernest Raynaud a rappelé dans ses *Souvenirs de Police* l'image qu'il eut d'elle après une râfle. Elle était picarde, a-t-on dit, et faisait abus de boissons alcooliques.

Comme *Sagesse* et *Jadis et Naguère*, *Parallèlement* contient des fragments insérés dans *Cellulairement* (Voyez ce titre). La partie consacrée aux éditions pré-originales contient un grand nombre de pièces recueillies dans ce volume.

La leçon originale de *Parallèlement* est précédée de ce court avertissement, qui ne se trouve pas réimprimé dans les *Œuvres Complètes* :

PRÉFACE

Parallèlement à *Sagesse*, *Amour*, et aussi à *Bonheur* qui va suivre et conclure. Après viendront, si Dieu le permet, des œuvres impersonnelles avec l'intimité latérale d'un long Et cœtera plus que probable.

Ceci devait être dit pour répondre aux objections que pourrait soulever le ton particulier du présent fragment d'un ensemble en train.

PARALLÈLEMENT. Nouvelle édition. Paris, Léon Vanier, 1894. [Imprimerie Ch. Hérissey, à Évreux], in-18. Couverture chamois clair, imprimée. 2 ff. (faux-titre et titre) ; 1 f. (Avertissement) ; 1 f. (préface de la première édition), plus 124 pp. et 1 f. blanc.

Cette deuxième édition contient deux pièces qui ne se trouvent pas dans la précédente : 1° *Sur une Statue de Ganymède ;* 2° *Prologue supprimé à un livre d'Invectives.* — Elle renferme, en outre, un Avertissement qui suit la Préface de la première édition. Ni la Préface ni l'Avertissement n'ont été reproduits dans les *Œuvres Complètes*, mais ils se trouvent dans l'édition des *Maîtres du Livres*, (Paris, Crès, 1914).

Nous venons de voir, à l'article précédent, que Verlaine s'était proposé de compléter cette nouvelle édition : « Je veux ajouter, écrit-il, dans la *Correspondance* (Tome II, *Lettres à Vanier*, p. 196) des pièces très imprimables, en dehors du « Manteau » : en particulier *Filles : A Rita, Billet pour Lily, Goûts royaux.* » Ces poèmes figurent dans *Femmes* ; le deuxième a été inséré dans les *Œuvres Posthumes* (I, 126) ainsi que la préface. On sait, de plus, que les quatrains intitulés : *Sur une Statue de Ganymède*, figurent également dans *Hombres*, parmi d'autres pièces libres du même auteur. Enfin, le poème portant pour titre : *La Dernière fête galante*, fut de plus complété d'une strophe dans la réimpression :

Nous fûmes trop ridicules un peu...

PARALLÈLEMENT. Avec cent lithographies originales de Pierre Bonnard, gravées par Tony Beltrand. Paris, Ambroise Vollard, 1900, in-4°.

Volume exécuté à l'Imprimerie Nationale, en caractères de Garamond, à deux cents exemplaires numérotés et mis en vente à

500 francs. Il existe des prospectus de quatre pages donnant les conditions de la souscription. Cette édition d'un recueil de caractère érotique, imprimé sur des presses officielles fit scandale, donnant lieu à une campagne de presse. On s'étonna de voir le ministre de la Justice, dont dépendait l'Imprimerie Nationale, autoriser l'impression de pièces dont quelques-unes (Voyez : *Les Amies*) avaient été condamnées par le Tribunal Correctionnel de Lille. Voici, d'ailleurs, la version que le journal *Le Temps* donna, par ordre, de cet incident :

« Un marchand de tableaux de la rue Lafitte, M. Vollard, voulant éditer une série de lithographies d'un des artistes qui exposent dans sa galerie, M. Pierre Bonnard eut l'idée de faire un tirage de grand luxe du livre de Paul Verlaine intitulé *Parallèlement*. Le texte, admirablement imprimé par l'Imprimerie Nationale, à deux cents exemplaires sur papier de Chine et papier de Hollande, laissait des marges suffisamment spacieuses pour que l'éditeur y put faire tirer les planches lithographiques de M. P. Bonnard.

« On sait que lorsqu'un particulier veut se servir du matériel de l'Imprimerie Nationale, il doit en demander l'autorisation au ministre de la Justice. L'autorisation d'imprimer *Parallèlement* de Verlaine, fut donnée à M. Vollard en 1897, par le garde des sceaux d'alors, M. Darlan, et l'ouvrage (le texte seulement de Verlaine) sortit des presses de l'Imprimerie Nationale, en portant sur son titre la marque bien connue, représentant une Minerve assise.

« L'édition était mise en souscription au prix de 150 francs l'exemplaire, et presque entièrement souscrite avant de paraître. »

« Or, il se trouva que les planches de M. Bonnard parurent plus graveleuses qu'artistiques à M. Monis, ministre de la Justice, quand il reçut l'exemplaire qui lui était destiné. Et l'indécence de ces planches lui sembla de nature à compromettre la réputation de l'Imprimerie Nationale. Aussi, M. Vollard fut-il invité à faire envoyer au *pilon* l'édition tout entière.

« Il fallut alors intervenir auprès des souscripteurs qui avaient déjà versé leurs souscriptions, et l'on ne put arriver qu'à un arrangement suivant lequel les couvertures et les pages du titre seraient détruites et réimprimées sans la vignette de l'Imprimerie Nationale. » C'est ainsi qu'on procéda, sans pouvoir empêcher, toutefois, que quelques exemplaires ne circulassent avec la mention d'origine au recto du premier feuillet et la vignette primitive...

On trouvera, sous la signature R. de Bury (lisez Remy de Gourmont), dans le *Mercure de France* de l'année 1900, un curieux commentaire relatif à cette publication.

PARALLÈLEMENT. Édition accompagnée de documents inédits. Frontispice gravé sur bois par P. E. Vibert, Paris, G. Crès [*Les Maîtres du Livre*], 1914, in-18. Cette version imprimée chez Hérissey, à Évreux, reproduit les deux pièces supplémentaires de la réimpression de 1894 et contient en outre un supplément de quatre pages, donnant en fac-similé divers poèmes insérés primitivement dans la *Correspondance* (cf. *Lettres à Edmond Lepelletier*, Mons, 1873-1874). Le volume établi par Ad. van Bever a été tiré à 1215 exemplaires numérotés, dont 25 sur vieux Japon et 50 sur Japon impérial.

PARALLÈLEMENT. Illustrations de R. Drouart. Paris, A. Messein, 1921, in-8°. Imprimerie E. Durand. Tirage à 500 exemplaires plus 50 exemplaires sur Japon, souscrits par M. René Kieffer. Tous les exemplaires sont numérotés. Achevé d'imprimer en septembre 1921. Sur la couverture, on lit : *Poésies de Paul Verlaine*. Les exemplaires de luxe comportent une suite en bistre, sur Japon français.

PARALLÈLEMENT, Paris, Calmann-Lévy, 1922, petit in-8°.

Édition tirée à seize cents exemplaires numérotés, sur vélin du Marais.

FEMMES. Imprimé sous le manteau et ne se vend nulle part, 1890, petit in-4°. Couverture imprimée, vert d'eau, papier moiré. 68 pages, y compris le faux-titre et le titre, plus 1 f. (*Morale en raccourci*) et 1 autre f.

(Table). Au recto du faux-titre, justification du tirage : 175 exemplaires, dont 25 sur Japon, marqués de A à Z et 150 sur Hollande, numérotés de 1 à 150.

Femmes dont la composition semble fort antérieure à 1890, parut, croit-on, primitivement en Belgique, sous le titre d'*Aucunes*[1]. L'édition fut saisie, confisquée et mise au pilon. Ce volume contenait XIV pièces érotiques. Verlaine en ajouta quatre, à la demande de l'éditeur : *Reddition* (XIII), *Régals* (XIV), *Gamineries* (XV), *Hommage dû* (XVI). Il se termine par : *Morale en raccourci* (XVII) qui se trouvait déjà dans la première édition.

Voyez : *Les derniers jours de Paul Verlaine*, par F. A. Cazals et G. Le Rouge. Il existe plusieurs manuscrits autographes de *Femmes*. L'un d'eux, si nous en croyons les papiers du poète, recopié soigneusement à l'hôpital Broussais, en septembre 1892, fut vendu à Léon Deschamps, directeur de *La Plume*. Il ne contenait alors que 13 poèmes.

FEMMES, 2e édition. Imprimé sous le manteau [par l'imprimeur Hirsch] et ne se vend nulle part. Couverture verte, repliée. Titre et nom de l'auteur en caractères dorés. Édition tirée à 500 exemplaires (20 sur Japon et 480 sur Van Gelder) ne pouvant être mise dans le commerce.

FEMMES. Imprimé sous le manteau et ne se vend nulle part. Édition ornée de 31 gravures sur bois, en camaïeu, par Gabriel Daragnès. Paris, 1917, in-8°. Tirage à 276 exemplaires, soit 265 sur papier vergé, et 11 sur vieux Japon.

1. Aux dires de M. Montel, c'est la copie de cette publication qui figure dans le catalogue de la vente Descaves. Le manuscrit vendu sous ce même titre serait en double exemplaire, mais aucun des deux ne serait complet. Le premier comporterait seize pièces, recopiées par l'auteur sur du papier d'hôpital. Le second, moins important, puisqu'il ne renfermerait que onze pièces, aurait été transcrit sur du papier écolier. Voyez la *Correspondance*, tome II, pp. 200 et 202. On sait qu'une partie des manuscrits du fonds Descaves, cité plus haut, porte ce titre primitif : *D'Aulcunes*.

Cette édition comporte dix-huit poèmes. Un des onze exemplaires sur vieux Japon, contenant la totalité des dessins originaux de l'illustrateur, soit soixante-huit dessins destinés à la gravure, a passé en vente le samedi 29 novembre 1924. (Cf. *Catalogue des Livres illustrés par Daragnès*). On avait joint à l'exemplaire trois lettres autographes de Verlaine à Paterne Berrichon, datées de 1890, relatives à la première édition de *Femmes* et publiées la même année à Bruxelles, chez Kistemaekers. Le catalogue établi par M. Georges Andrieux, chargé de la dite vente nous fournit quelques fragments de ces lettres. Verlaine hésite sur le titre : *Quel choisir ? Femmes !*, *Vers libres*, *En rut*, ou *Ruts*, ou *Chair*. *Choisissez. Je préférerais « Femmes »*. — Il trouve insuffisante la somme offerte par Kistemaekers. » *Je ne puis, au moins sans protestation, consentir au chiffre de K... Tâchez d'emporter le morceau de 2.000. Je demande 3.000. Mais je tiens à une édition de 150, plus 25 pour moi. Je signe Pablo de Herlañes... Je tiens absolument au pseudonyme, d'ailleurs clair, qui m'a déjà servi avec Poulet-Malassis* [*pour l'édition des* Amies]... *Quant aux exemplaires miens, vous aviserez pour le mieux, et si vous pouvez placer quelques, tâchez de les vendre cher. Je vous enverrai pour chaque une pièce rigolote qui s'adaptera à l'exemplaire et majorera le prix.* » — Verlaine vient de poser devant Carrière. « *Été hier chez Carrière, qui a fait, en une séance, un superbe portrait.* » — Il parle de ses lectures. « *Je lis du Tolstoï. Ça m'emm...* » Ces lettres ne figurent pas dans la *Correspondance*.

Voyez : *La Trilogie érotique de Paul Verlaine* (*Les Amies*, *Femmes*, *Hombres*). Édition illustrée de 15 eaux-fortes par Van Troizem et augmentée d'un avant-propos par un Bibliophile Verlainien. A Paris et à Londres, 1907, in-8°.

FEMMES. Édition sans lieu ni date [1923]. Tiré à deux cents exemplaires sur vélin. 52 pages. Couverture en papier parcheminé, sans titre avec un filet et ornée, au milieu, d'une sorte de monogramme ; imprimé en brun. Publication fautive. Les titres des poèmes sont tirés en vert.

FEMMES. Imprimé sous le manteau et ne se vend nulle part, s. d. [1924], petit in-8°. Sur la couverture, en papier gris, titre imprimé à l'encre verte, accompagné de la mention suivante : *Livre d'heures... à l'usage des Profanes*. Édition médiocre, sur papier vergé glacé.

DÉDICACES, Paris, Bibliothèque Artistique et Littéraire. [Imp. J. Royer, à Annonay], MDCCCXC, in-16. Couverture imprimée, bleu clair pour les exemplaires ordinaires et blanche pour les exemplaires de luxe. Portrait sur Chine de Verlaine, à l'hôpital, dessiné par F.-A. Cazals, et gravé sur bois par Maurice Baud. 90 pages, y compris le faux-titre ; au verso, justification du tirage et titre rouge et noir, plus 1 feuillet non chiffré. Édition tirée par souscription à 350 exemplaires, soit : 50 exemplaires nominatifs pour la presse, n° 1 à 50 ; 50 exemplaires numérotés et paraphés par l'auteur, n° 51 à 100 ; et 250 exemplaires, n° 101 à 350. — Voir le *Journal de la Librairie* du 7 juin 1890.

On sait que Paul Verlaine eut pendant longtemps le projet d'imprimer ce livre à petit nombre chez l'éditeur Savine, et de lui adjoindre une partie intitulée : *Les Amis*. — Voyez la *Correspondance*, t. II, Lettres à L. Vanier et à Albert Savine. — Ajoutons que quelques pièces adressées à Ernest Delahaye, Émile Blémont, E. Chabrier, Charles Morice et Maurice du Plessys figurent, à la fois, dans le présent livre (et dans sa réimpression) ainsi que dans l'édition d'*Amour*. Composé de pièces très diverses, *Dédicaces* contient quelques-unes des plus anciennes compositions du poète. Ainsi, on y trouve le dizain : *Les passages Choiseul...* (Cf. *Correspondance*, 1874, et *Cellulairement*).

On lit, en tête de cette édition, la préface suivante qui ne se trouve pas reproduite dans les *Œuvres Complètes* :

« Ces quelques ballades et sonnets sont tout intimes et ne visent que quelques amis et bons camarades de l'auteur qui les leur *dédie* exclusivement, sans autre intention que de leur plaire.

Tous ceux avec qui il sympathise ne sont pas sur cette carte de visite ; prière aux absents d'excuser ce qui n'est pas même de l'oubli. L'auteur voulait ceci très borné, un peu fermé même, et il s'est astreint à un cadre minuscule.

Le portrait qui précède a été fait l'été dernier à l'hôpital, par un compagnon d'hôpital qui se trouvait être un dédicataire du présent recueil. Merci à l'artiste et à l'ami des bons comme des mauvais jours. Un tout petit nombre de sonnets a été pris, comme un bien qu'on trouve, dans le livre devenu rarissime, *Amour*, où il sera remplacé par des vers inédits.

Dont acte à qui de droit.

L'auteur, en cette circonstance, est semblable à un monsieur qui donnerait une poignée de main à une poignée d'amis, les chargeant de la porter en bon lieu. »

DÉDICACES. — Nouvelle édition augmentée. Paris, Léon Vanier, 1894, in-18 [Imprimerie Charles Hérissey, à Evreux]. Couverture gris-vert, imprimée pour les exemplaires ordinaires, et de couleur crème, pour les exemplaires de luxe. 1 f. blanc ; 1 autre f. blanc portant au verso une annonce des ouvrages de Verlaine et de Charles Morice, plus 1 f. (faux-titre) portant au verso la justification du tirage de luxe ; 1 f. (titre), plus 234 pp. et 1 f. blanc final. — *Journal de la Librairie*, 22 décembre 1894.

Cette édition, en partie originale, ne reproduit pas l'Avertissement contenu dans l'édition de 1890. Elle comporte 55 exemplaires sur papier de Hollande, numérotés et délivrés aux souscripteurs avec une pièce autographe de l'auteur. Elle renferme cent douze poèmes dont quatre ballades, au lieu de trente-sept sonnets et quatre ballades contenus dans la version précédente ; soit soixante et onze pièces nouvelles. Les « dédicaces » ajoutées portent les numéros XXXVIII à CV. On sait que la plupart d'entre elles parurent dans *Le Chat Noir*, *Le Courrier Français* et *La Plume* en 1890, 1891, 1892-1894. *Dédicaces* est le dernier volume publié du vivant de Verlaine chez l'éditeur Vanier.

Voici la liste des pièces publiées pour la première fois dans la 2e édition de *Dédicaces* (1894) :

A mes amis de là-bas ; Quatorzain pour tous ; Quatorzain pour *toutes; A. G...; Encore pour G...; Pour S.. : Chanson pour L...; A***; Le pinson d'E***; A. E***; A. E***, pour ses étrennes; A***; A la même; Pour la même; A une dame qui partait pour la Colombie; A. E***, I; A. E***, II; Anniversaire à William Rothenstein; A mon éditeur : I. Misère: A mon éditeur : II. Richesse; A Léon Vanier, I...; A Léon Vanier, II; Toast à distance, aux Rosati; Manchester, à Théodore C. London; Fountain Court, à Arthur Symons; A Edmond Lepelletier; Jean Richepin; A Arthur Rimbaud, I; A Arthur Rimbaud, II; A Mlle Renée Zilcken; A Mlle Éveline; A Mlle Léonie R...; A Mlle Jeanne Vanier; Sur un buste de moi, pour mon ami Niederhausern; A Raymond Maygrier; A Mlle Adèle; A Mme Marie A..., pour sa fête; A Rodolphe Darzens; A Henri Bossanne; A Max Rosa; A Mlle A. Rom***; A A. Duvigneaux; A Rodolphe Salis; A Léon Cladel; Pour Marie***, F.-A. Cazals; A Gustave Lerouge; Au compagnon Lartigues; A M. le docteur Chauffart; A Aman-Jean sur un portrait enfin reposé de moi; A Mme Marie P...; A César C...; A Bibi-Purée; A un passant; Pour Roberte; Au Vicomte de Lautrec; Pour Mlle D. A...; A Ph... I; A la même, II; A la même, III; A Edmond Picard; A Francis Poictevin; A Ph...; Au Gérant du Müller; A E... en lui offrant Mes Prisons; A Léopold II, roi des Belges; A l'aimée; Au comte Robert de Montesquiou-Fezensac; A Gabriel de Yturri; A Aurélien Scholl; A Léon Dierx; A Mme J***.*

LA DÉCORATION ET L'ART INDUSTRIEL A L'EXPOSITION DE 1889. On lit, à la fin de cette mince plaquette in-8°, de sept pages, plus 1 p. blanche : Typographie Edmond Monnoyer, Le Mans, Sarthe, 1890, et la signature de Paul Verlaine.

Cette étude parut sans couverture, avec le nom de l'imprimeur et la mention suivante : « Extrait de *L'Artiste*, novembre 1890, tiré à trente exemplaires. » Elle constitue une critique, ou mieux un compte rendu du volume de Roger Marx, qui porte le même titre, et n'a pas été mise dans le commerce. Toutefois, *La Décoration et l'Art Industriel*, etc., figure dans *La Bibliographie de la France*, à la date du 27 juin 1891.

CHOIX DE POÉSIES. Avec un portrait de l'auteur en héliogravure, d'après une lithographie de Eugène

Carrière. Paris, Charpentier-Fasquelle, 1891, in-18. (*Bibliographie de la France* du 20 juin 1891.) Sceaux, imprimerie Charaire et fils. Couverture jaune, imprimée. 2 ff. (faux-titre et titre) plus 360 pp. Tirage de luxe : 10 exemplaires sur Japon et 25 exemplaires sur Hollande. Dans ces exemplaires, le portrait de Verlaine est tiré sur vélin glacé rosé. Premier tirage à 1 500 exemplaires.

Sélection extraite de l'œuvre du poète par Charles Morice. Deux pièces figurent dans ce recueil en édition originale :

1° *Bon pauvre, ton vêtement est léger...*

2° *L'amour de la Patrie est le premier amour...*

Bien que nous trouvions superflu de rappeler l'origine de ce livre, nous signalerons que le *Choix de Poésies* fut porté chez Fasquelle par M. Félicien Champsaur. Verlaine, il faut le dire, ne voyait dans cette opération qu'une question de droits d'auteur. Aussi s'engagea-t-il avec M. Eugène Fasquelle sans prévenir l'éditeur de ses œuvres. Les protestations justifiées de Vanier faillirent faire échouer le projet. Le volume parut tout d'abord sans préface, et ce n'est qu'à la mort de Verlaine que le recueil fut précédé d'un avant-propos de François Coppée. Ledit avant-propos se trouve pour la première fois dans le cinquième tirage, envoyé à l'impression le 9 janvier 1896. Selon M. Montel[1], ce tirage comprend cinq cents exemplaires du sixième mille et tout le septième mille. Il existe de la sorte cinq cents exemplaires du sixième mille, portant la date de 1894, qui ne comprennent pas de préface. — Le contrat relatif à ce livre fut passé entre Verlaine et Fasquelle, le 20 décembre 1890.

BONHEUR, Paris, Léon Vanier [Imprimerie E. Capiomont et Cie], 1891, in-18. Couverture jaune de Sienne, imprimée. 2 ff. (faux-titre et titre) avec une épigraphe empruntée à Térence, plus 120 pp. Tirage de luxe, 55 exemplaires sur Hollande. Mis en vente le

1. Renseignement fourni par M. Eugène Fasquelle.

20 juin 1891, le volume est indiqué au *Journal de la Librairie* comme ayant paru le 9 juin précédent. *Bonheur* complète dans l'œuvre du poète mystique *Sagesse* et *Amour*. On lit dans la *Correspondance*, tome I, p. 217 (*Lettre à Edmond Lepelletier*, du 28 novembre 1887 :

« Mon volume : *Amour* va, j'espère, bientôt paraître... J'en ai, je dois te l'avoir dit, un autre tout prêt... Ça fait partie de tout un ensemble dont *Sagesse* est le frontispice, *Jadis et Naguère* une partie, le livre dont je parle, *Parallèlement*, une autre partie et *Bonheur* dont il y a une bonne moitié d'achevée, la conclusion[1]. »

Proposé tout d'abord à l'éditeur Albert Savine, pendant une période de brouille avec Léon Vanier, l'ouvrage ne fut, en réalité, remis à ce dernier que dans les premiers mois de 1891. Le titre auquel l'auteur substitua celui d'*Espoir*, fut repris par la suite et le texte rapidement corrigé. Un traité échangé entre l'éditeur et le poète portait les droits de ce dernier à la somme de cinq cents francs, « payables à partir de la remise du manuscrit, à raison de 50 francs par semaine, à dater du 17 février 1891[2] ».

M. Grasilier, successeur de Savine, renonçait après une entente équitable à ses droits sur ce livre, ainsi que sur deux autres ouvrages de Verlaine : *Dédicaces* et *Histoires comme Ça*, dont la publication devait se faire postérieurement. On trouvera dans la *Correspondance*, tome II, (*Lettres à Vanier et à Albert Savine*) de nombreux détails relatifs à la publication de *Bonheur*, dont la plupart des pièces furent achevées à l'hôpital Broussais et á l'hôpital Saint-Antoine, en particulier. Parmi les premières pièces en date qui constituent cet intéressant ouvrage, cinq parurent dans la *Revue indépendante* de juillet 1888 à février 1889.

On sait que *Bonheur* contient quelques vers inspirés par Lucien Letinois, et qui ne purent prendre place dans le recueil : *Amour*. C'est à tort, toutefois, qu'Edmond Lepelletier a écrit que le

1. Lorsqu'il écrivait ces lignes. Paul Verlaine ne paraissait point songer au recueil de *Liturgies intimes* qui forme, a-t on dit, « comme un codicille attardé » de ses recueils de poèmes religieux. Il semble bien toutefois que le poète ait alors conçu une partie des pièces qui devaient le composer.

2. La *Bibliographie de la France* annonçait l'ouvrage comme ayant été mis en vente le 9 juin.

poème XV : *Mon ami, ma plus belle amitié...,* fut consacré à ce dernier. Il fut, en réalité, composé pour un autre ami du poète et il débutait ainsi primitivement : *Mon Cazals, ma plus belle amitié.* Le douzième poème du livre : *Après la chose faite,* fut tout d'abord inséré sous forme d'encartage, avec ce titre : *Chasteté,* dans *Parallèlement.* Nous avons vu ci-dessus que Verlaine s'éleva violemment contre cette publication faite à son insu. Un autographe de ce poème communiqué par M. Saffrey est daté de l'hôpital Cochin, avril 1887. Le supplément établi par l'éditeur de *Parallèlement* est précédé d'une note ainsi conçue : « Il nous a semblé intéressant de donner au lecteur... la primeur de cette dernière pièce de Paul Verlaine reçue de lui pour son prochain livre : *Bonheur.* »

Le catalogue de la vente Tristan Bernard (1917) porte sous le numéro 280, la mention d'un curieux exemplaire d'épreuves de *Bonheur*, enrichi de corrections autographes de l'auteur.

BONHEUR. Paris, Léon Vanier, 1896, 2e édition. Même texte que le précédent. Imprimerie E. Capiomont, 21 mars 1896.

BONHEUR. Illustrations en couleurs de Pierre Peltier, Paris, A. Messein, 1923. Imprimerie E. Durand. Tirage à 500 exemplaires, plus 50 exemplaires sur Japon, souscrits par M. René Kieffer. Tous les exemplaires sont numérotés. Achevé d'imprimer en janvier 1923. Sur la couverture, on lit : *Poésies de Paul Verlaine.* Les exemplaires de luxe comportent une suite en bistre, sur Japon français.

LES UNS ET LES AUTRES. Comédie en un acte et en vers représentée pour la première fois au Théâtre du Vaudeville par les soins du Théâtre d'Art, le 21 mai 1891. Paris, Léon Vanier [Imprimerie de Charles Hérissey, Evreux], 1891, in-18 jésus. 36 pp., y compris faux-titre et titre. Couverture gris-vert, imprimée.

Si nous en croyons le témoignage des amis de Verlaine, et celui du poète lui-même, cette charmante saynète fut composée avant

1870, et son auteur y mit la dernière main dans l'appartement qu'il occupait chez les parents de sa femme, rue Nicolet. « Je me souviens, rapporte Ernest Delahaye, d'avoir gardé ainsi jusqu'en 1881 ou 1882, époque où elle me fut redemandée, la pièce : *Les Uns et les Autres*, calligraphiée sur papier rose... » (*P. Verlaine*, p. 224). Voyez dans l'ouvrage de Ch. Donos : *Verlaine intime*, une curieuse lettre de Théodore de Banville, du 9 juillet 1885, se rapportant à la première publication de cette comédie. Demeurée longtemps inédite, puis insérée dans les deux éditions de *Jadis et Naguère*, cette comédie d'expression banvillesque, faisait enfin l'objet d'une réimpression, revue par l'auteur au moment de sa représentation. Cette réimpression figure au *Journal de la Librairie*, à la date du 20 juin 1891. L'œuvre fut donnée par les soins du Théâtre d'Art, le 21 mai 1891, avec la distribution suivante : *Myrtil*, MM. Krauss, de l'Odéon ; *Sylvandre*, Paul Franck, du Gymnase ; *Mezzetin*, Engel, de l'Opéra ; *Corydon*, Henri Huot, du Théâtre d'Art ; *Un Bergamasque*, Albert Girault, du Théâtre d'Art ; *Rosalinde*, MM[lles] Moreno, de la Comédie-Française ; *Chloris*, Lucie Gérard, du Gymnase ; *Aminte*, Suzanne Gay, du Théâtre d'Art ; *Phillis*, Denise Ahmers, du Théâtre d'Art.

Elle fut, par la suite, reprise au Trianon de Versailles, et le 28 mai 1911 (jour d'inauguration du monument de Verlaine), au Théâtre de l'Odéon.

Quoique des remaniements apportés par l'auteur aient eu pour but d'ajouter deux personnages nouveaux : *Un Bergamasque* et *Phillis*, l'œuvre ne subit guère de modifications.

Rappelons à propos de cette pièce, un curieux incident. Au cours d'un article intitulé « Bénéfices » paru dans le *Courrier Français* du 28 juin 1891, Verlaine, sans accuser personne, se plaignit cependant du peu de profit qu'il tira de cette représentation : « Manque d'expérience des coulisses, dit-il, jeunesse trop littéraire des organisateurs, maladresses bien naturelles de personnes trop délicates pour être habiles, etc......» « Je suis plus pauvre que jamais, ajoutait-t-il, malgré toute la sympathie de mes confrères du journalisme, dont je suis fier comme de mon honnête, plus qu'honnête misère, malgré cette espèce de gloire qu'on veut bien me faire et dont j'oserai dire comme ce grand Lamartine, un vrai glorieux, celui-là :

« Plus j'ai pressé ce fruit, plus je l'ai trouvé vide
Et je l'ai rejeté comme une écorce aride — ».

A la suite de cet article, M. Rivière, secrétaire du Théâtre d'Art, écrivit au *Courrier Français* une lettre certifiant que Verlaine avait touché une somme assez rondelette, grâce à certains frais pris à la charge de M. Paul Fort. Usant de son droit de réponse, Verlaine, le 12 juillet suivant, soutint à nouveau qu'il n'avait reçu que cent francs.

Dans le *Courrier Français* du 19 juillet 1891, parut alors une lettre de M. Paul Fort, proposant de publier les comptes du Bénéfice Verlaine-Gauguin, et certifiant que le poète avait reçu plus que cette somme.

Cet échange de lettres contradictoires devait enfin se terminer sur cette courte missive de l'auteur des *Fêtes Galantes* que le *Courrier Français* inséra, ainsi que les précédentes, le 2 août 1891 :

« Je lis trop tard pour y avoir répondu dans votre dernier numéro, une trop longue lettre de M. le Directeur du Théâtre d'Art.

« Je n'ai rien à répondre à cet opuscule, sinon que je n'ai effectivement rien reçu, rien et trois fois rien, d'un bénéfice reconnu dérisoire, sauf cent francs d'avance, de la poche de M. Fort qui ne me fit connaître l'origine de cet argent qu'après le désastre, si j'ose m'exprimer ainsi.

« C'est vrai qu'une souscription, tout en dehors du Théâtre d'Art, a été ouverte dans les bureaux de l'*Echo de Paris* sur l'initiative de mon cher Marcel Schwob, et a produit deux cents francs, dont merci à mes bons camarades de l'*Écho*.

« Mais... Nothing More... »

L'auteur reçut en droits, pour le tirage de cette édition, la somme de 100 francs, le 13 mai 1891.

LES UNS ET LES AUTRES. Nouvelle édition. Paris, A. Messein, 1923, in-18. [Imprimerie Bussière, Saint-Amand, Cher.] Cette édition mentionne non seulement la scène du Vaudeville, où elle fut créée, mais également celle du Théâtre National de l'Opéra Comique, où on la représenta, avec la musique de Max d'Olonne, le 3 novembre 1922.

CHANSONS POUR ELLE. Paris, Léon Vanier [Imprimerie Charles Hérissey, à Evreux], 1891, in-18.

Couverture rose rouge imprimée, 2 ff. (faux-titre et titre) plus 52 pages. Il a été tiré quelques exemplaires sur vergé et sur Japon, avec couverture bleue. (*Journal de la Librairie*, 26 décembre 1891.)

Petit recueil de XXV poèmes, presque exclusivement consacrés à Eugénie Krantz, l'une des dernières maîtresses du poète. Le volume fut entièrement composé en septembre 1891.

Un exemplaire de la vente Le Petit, en 1918, a fait, avec un manuscrit autographe des chansons XI et XIII, contenues dans le volume, la somme de trois cent dix francs.

CHANSONS POUR ELLE. 2e édition, Paris, Léon Vanier, 1899, in-16.

CHANSONS POUR ELLE. Illustrations en couleurs de Quint. Paris, A. Messein, 1923. Imprimerie E. Durand, in-8°. Tirage à 500 exemplaires, plus 50 exemplaires sur Japon, souscrits par M. René Kieffer. Tous les exemplaires sont numérotés. Achevé d'imprimer en mai 1923. Sur la couverture, on lit : *Poésies de Paul Verlaine*. Les exemplaires de luxe comportent une suite en bistre, sur Japon français.

MES HOPITAUX. Paris, Léon Vanier [Imprimerie Ch. Hérissey, à Evreux], 1891, in-18. Couverture crème, imprimée, 2 ff. (faux-titre et titre) plus 74 pages et 1 f. (Table). Portrait de Paul Verlaine, par F.-A. Cazals, tiré en bistre, avec fac-similé d'autographe. Il a été publié de cet ouvrage 1100 exemplaires, plus quelques exemplaires sur Hollande.

L'ouvrage destiné à paraître en même temps que *Chansons pour Elle*, et imprimé à la fin de 1891, ne fut annoncé au *Journal de la Librairie* que le 10 janvier 1892. Il fut en réalité mis en vente vers novembre 1891. On sait qu'indépendamment des récits réunis là, Paul Verlaine a composé d'autres morceaux destinés à paraître dans une nouvelle édition de *Mes Hôpitaux*. On connait les curieuses pages insérées plus tard dans les *OEuvres Posthumes* (*Chez soi à l'Hôpital*), II, 170 ; citons, au surplus, deux articles publiés l'un dans *Le Chat Noir* du 8 novembre 1890 (*Chronique de l'Hôpital*) et l'autre dans *Le Courrier Français* du 5 juillet 1891 (*Souvenir d'Hôpital*). Outre ces pages, dont deux, au moins, sont antérieures au volume ci-dessus, on trouve également trois variétés sur le même sujet dans *La Revue Blanche* des 1er mars et 1er juin 1895 : I. *L'Hôpital chez soi* ; II. *L'Hôpital partout* ; III. *La Prison nulle part.*

Sur le séjour de Verlaine dans les établissements de l'Assistance Publique, on consultera, non seulement le présent recueil : *Mes Hôpitaux*, et les articles que nous venons de signaler, mais également la *Correspondance*, particulièrement le tome II.

LITURGIES INTIMES. Paris, Bibliothèque du Saint-Graal [Typographie E. Plon-Nourrit et Cie], mars 1892, in-18. Couverture crème imprimée. 2 feuillets (faux-titre et titre), plus 31 pages. Portrait de Paul Verlaine, par L. Hayet. Tirage à 375 exemplaires, dont 300 sur papier ordinaire et 75 exemplaires de luxe ; ces derniers avec une couverture illustrée de F.-A. Cazals. (*Journal de la Librairie*, 16 avril 1892.)

On lit dans le prospectus relatif à cette édition : « Adressez les souscriptions à Emmanuel Signoret, rédacteur en chef du *Saint-Graal*, au Bureau de la Revue, 42, rue du Cherche-Midi, Paris ». On sait que le manuscrit de *Liturgies Intimes* fut composé durant un court séjour de Verlaine à l'hôpital Broussais. Cette édition princeps, aujourd'hui recherchée des bibliophiles (un exemplaire à la vente Le Petit, enrichi de trois portraits de l'auteur, a fait la somme de 282 francs), renferme dix-huit poèmes.

Avec *Sagesse*, *Amour* et *Bonheur*, *Liturgies intimes* complète l'œuvre catholique de Paul Verlaine.

Une préface figure en tête de cette édition. Comme elle n'a pas été réimprimée dans les *OEuvres Complètes* nous en fournissons le texte ci-après :

« Le tout petit livre que voici, et qui s'adresse à un tout petit public d'élite, n'est autre que le complément, oserai-je dire, le couronnement d'une œuvre assez considérable comme dimension, et que l'auteur croit correcte devant la Foi. Cette œuvre a quatre volumes : *Sagesse*, la conversion, *Amour*, la persévérance, une défaillance confessée à dessein, *Parallèlement*, et *Bonheur*, conclusion douloureusement calme dans la suprême consolation.

« C'est encore, cet opuscule, l'exposé de la doctrine et de sa réflection dans une âme. Exposé très bref, comme qui dirait de l'essence qui, plus tard, beaucoup plus tard, quand il devra être livré au grand public, pourrait s'étendre en développements plus accessibles à des esprits plus ou moins mondains.

« Pour le moment, l'auteur parle à des catholiques, et il préfère leur donner l'impression nette et directe qu'eux-mêmes ressentent, chacun suivant son tempérament.

« Quant à la question de forme, l'auteur a procédé, comme il fait toujours, naïvement, non sans prudence. Toute liberté avouable, de la familiarité, parfois du patois, quelques assonances, des rimes répétées, le tout serti dans une langue voulue, claire, mais resserrée le plus possible en certains cas, comme il a prétendu que sa pensée ne franchit jamais les limites sacro-saintes du Dogme décrété.

« Et que Dieu veuille nous bénir tous, auteurs, lecteurs..... et éditeurs ! » P. V.

Paris, janvier 1892.

LITURGIES INTIMES. 2e édition. Paris, Léon Vanier, 1893. [Imprimerie Paul Schmidt], in-18. Couverture jaune de Sienne, imprimée. (*Journal de la Librairie*, 26 avril 1893). 2 ff. blancs, 2 ff. (faux-titre et titre), 54 pp., 1 f. (table) et 2 ff. bl.

Cette édition renferme de plus que la précédente les titres de tous les poèmes, plus sept pièces nouvelles ; soit : *A Charles Baudelaire : Je ne t'ai pas connu, je ne t'ai pas aimé ;* XIX. *Vêpres rustiques ;* XX. *Complies en ville;* XXI. *Prudence ;* XXII. *Pénitence ;* XXIII. *Opportet hæreses esse ; Final.*

LITURGIES INTIMES. Illustrations en couleurs de G. Assire. Paris, A. Messein, 1923, in-8°. [Imprimerie

E. Durand.] Tirage à 500 exemplaires, plus 50 exemplaires sur Japon, souscrits par M. René Kieffer. Tous les exemplaires sont numérotés. Achevé d'imprimer en juin 1923. Sur la couverture, on lit : *Poésies de Paul Verlaine*. Les exemplaires de luxe comportent une suite en bistre, sur Japon français.

MES PRISONS. Paris, Léon Vanier [Imprimerie Ch. Hérissey, à Évreux], 1893, in-18. Couverture beige clair, imprimée. 2 ff. (faux-titre et titre) ; 81 pages, plus 1 f., non chiffré (table). Il a été tiré 1100 exemplaires ordinaires, dont 100 exemplaires d'auteur et 26 exemplaires sur Hollande.

Commencé le 12 novembre 1891, concurremment à une série de *Notes sur l'Hôpital*, ce bref récit des incarcérations et mésaventures judiciaires du pauvre Lélian, fut achevé dans le courant de janvier 1893 et imprimé le 16 avril de la même année. Il ne devait être annoncé au *Journal de la Librairie* que le 3 juin suivant. Verlaine, dit-on, prévoyant une deuxième édition de *Mes Prisons*, voulait y ajouter un article sur *Quatre jours de pistole*, d'Edmond Picard. L'édition ne parut point, et c'est en vain que nous avons cherché l'article du poète.

ODES EN SON HONNEUR. Paris, Léon Vanier [Imprimerie Ch. Hérissey, à Evreux], 1893, in-18. Couverture crème imprimée. 1 f. blanc ; 2 ff. (faux-titre et titre) ; 54 pages, plus 1 f., non chiffré, (table). Au verso du faux-titre, on lit une liste des « Œuvres de P. Verlaine ». Il a été tiré 20 exemplaires, sur Japon, souscrits par la librairie Conquet. A chacun de ces exemplaires était adjoint une pièce autographe de l'auteur.

Ce recueil de dix-neuf pièces, que son caractère érotique rapproche plus encore de *Femmes* que de *Parallèlement*, mais pour lequel Verlaine avait un faible particulier, fut composé à la fin de décembre 1891. Le *Journal de la Librairie* mentionna son apparition le 6 mai 1893. Selon la *Correspondance*, le poète se proposait d'en donner une seconde édition augmentée, voulant de la sorte donner à son livre « un ton plus corsé », digne à la fois de rivaliser avec l'élégie tibullienne et avec les poètes les plus licencieux.

ODES EN SON HONNEUR. Avec des vignettes de Carlègle, gravées sur bois. Paris, chez l'Imprimeur Léon Pichon, MCMXXI, in-8, 72 pp., plus 1 f. (Achevé d'imprimer.) Tirage : 15 exemplaires sur Japon à la forme, avec double suite des gravures sur Japon et Chine, 40 exemplaires sur vélin d'Arches à la cuve, avec suite de gravures sur Chine ; 435 exemplaires sur vélin d'Arches à la cuve sans suite.

Tous les exemplaires sont numérotés.

ÉLÉGIES. Paris, Léon Vanier. [Imprimerie Ch. Hérissey, à Evreux], 1893, in-18. Couverture rose, imprimée. 1 f. blanc ; 2 ff. (faux-titre et titre) ; 53 pp., plus 1 f., (table). 15 exemplaires sur Japon, souscrits par la librairie Conquet et comportant chacun une pièce autographe de Verlaine.

Annoncé au *Journal de la Librairie*, le 5 mai 1893, c'est le 22 août de l'année précédente que Verlaine parlait pour la première fois de ce recueil qu'il préparait alors. « Je commence un livre » écrivait-il à l'éditeur Vanier. Et quelques jours après, il ajoutait : « Ça sera très accalmi, si j'ose ce barbarisme, ce sera le complément d'*Odes* et de *Chansons* »... Il publiait en même temps, on le sait, dans le *Supplément de l'Echo de Paris*, trois des meilleurs poèmes du livre. (Voyez la *Correspondance*, t. I.) Un exemplaire d'*Élégies* accompagné du manuscrit autographe de l'élégie IX, a fait à la vente Le Petit la somme de 321 francs.

Bien que d'un ton modéré, « accalmi », selon l'expression même de Verlaine, *Élégies* fait partie de ce cycle érotique, composé à la fin de sa vie et qui réunit *Chansons pour Elle* et *Odes en son Honneur*.

ÉLÉGIES. Illustrations en couleurs de André Cahard. Paris, A. Messein (1924), in-8°. Imprimerie E. Durand. Tirage à 500 exemplaires, plus 50 exemplaires, sur Japon, souscrits par M. René Kieffer. Tous les exemplaires sont numérotés. Achevé d'imprimer en avril 1924. Sur la couverture, on lit : *Poésies de Paul Verlaine.* Les exemplaires de luxe comportent une suite en bistre, sur Japon français.

QUINZE JOURS EN HOLLANDE. Lettres à un ami. Avec un portrait de l'auteur par Ph. Zilcken. La Haye. Maison Blok. Paris, L. Vanier, sans date [1893], petit in-4°. Couverture saumon, imprimée [Nimègue, Imprimerie H. C. A. Thieme]; 2 ff. (faux-titre et titre) [1], plus 108 pages. Le portrait est gravé à l'eau-forte et l'édition, tirée sur papier de Hollande, comporte, en outre du tirage courant, 50 exemplaires sur Japon.

L'ouvrage rapporte les particularités d'une tournée de conférences que l'auteur avait entreprise en Hollande, à la fin de 1892, sur l'invitation d'un groupe d'artistes et d'écrivains hollandais.

On trouve dans la *Correspondance* (Lettres à Léon Vanier), tome II, p. 216, les propositions faites par l'éditeur à Paul Verlaine pour la publication de cet ouvrage.

« Blok, écrit ce dernier, m'offre d'éditer un livre, auquel je travaille, intitulé : *Quinze jours en Hollande.* Voici ses conditions : tirage à mille, sur papier van Gelder, type elzévir, etc... Il m'offre 1 franc, pour chaque exemplaire du 1er tirage de mille exemplaires et 1 fr. 10 pour le second tirage, par exemplaire, c'est-à-dire : en tout, pour le 1er tirage mille exemplaires : 1 000 francs, second mille exemplaires : 1 100 francs. Après l'envoi de la moitié, c'est-à-dire d'à peu près 50 pages, il me promet 200 francs d'avance en compte ».

L'ouvrage écrit à l'hôpital Broussais, fut imprimé en Hollande et parut dans les derniers mois de l'année 1893. Voyez, sur l'his-

1. Au verso du faux-titre, on lit une liste des œuvres de Paul Verlaine.

toire de ce livre, un article de M. Zilcken, possesseur du texte autographe : *Un manuscrit de Verlaine* (Cf. *Revue Blanche*, 1er février 1896)[1], et, du même auteur : *Paul Verlaine. Lettres à propos de Quinze jours en Hollande*, Paris, Floury, 1897, in-18 et Paris, 1922, grand in-4°.

DANS LES LIMBES, Paris, Léon Vanier [Imprimerie de Ch. Hérissey, à Evreux], 1894, in-18. Couverture crème, imprimée. 1 f. blanc, portant au verso l'indication des œuvres de l'auteur ; 1 f. (faux-titre au verso duquel se lit la justification du tirage de luxe ; 1 f. (portrait de Verlaine, par Ladislas Lœvy) ; 1 f. (titre) ; 2 pp. (préface) ; plus 45 pages et 1 f. non chiffré pour table. Tirage de luxe : 20 exemplaires sur Japon (Voyez *La Bibliographie de la France* du 26 mai 1894).

Plaquette contenant dix-sept pièces, « acquises en toute propriété » selon le contrat passé entre l'éditeur Vanier et le poète.

C'est à la fin d'octobre 1892 que Verlaine fait pour la première fois allusion au projet de ce livre. « J'ai en tête, écrit-il à Vanier,

1. « En 1892, écrit M. Zilcken, Verlaine était venu en Hollande faire quelques conférences. Un libraire de La Haye, M. B., qui avait contribué à les organiser, lui demanda le récit de ses impressions de voyage. Et ce fut le livre : *Quinze jours en Hollande*. Le prix convenu était de mille francs environ.

Dès son retour en France, Verlaine se mit à l'œuvre et envoya une vingtaine de pages, très illisiblement écrites. Comme le bouquin devait être imprimé en Hollande et qu'aucun de nos typographes n'aurait su déchiffrer cette écriture, j'offris à l'éditeur, qui eut la complaisance d'accepter, de copier le manuscrit à la condition de pouvoir le garder.

Pendant des mois, il ne vint plus rien. Verlaine était empêché de travailler, « car je perds un peu la carte dans ces événements où notre cœur se joue », m'écrivait-il alors.

Et ce ne fut qu'au mois de juillet 1893, lorsque, alité à l'hôpital Broussais, il eut trop de loisirs-forcés, que se suivirent, sans longues intermittences, les feuillets. Naturellement, je les ai conservés tous. » Et le même auteur d'ajouter que ce qui fait le mérite réel de ce manuscrit, c'est le nombre et la variété des dessins humoristiques dus à la plume de Verlaine et qui l'accompagnent.

un volume amoureux, cette fois très chaste : *Dans les Limbes. Les limbes*, c'est l'Hôpital avec une visiteuse. » Le 14 janvier 1893 l'ouvrage était achevé ; au total 450 vers destinés à clore la série des petites pièces. « Je crois *Dans les Limbes* disait encore Verlaine, le meilleur de beaucoup. »

Voici la Préface, placée en tête de cette édition, et qui n'a pas été reproduite dans les *OEuvres Complètes :*

« Ce livre est le dernier d'une série qui a assez duré pour le calme même de l'auteur, pour sa conscience littéraire et l'autre aussi !

On remarquera toutefois que le ton de : *Dans les Limbes*, est moins, beaucoup moins vif que celui des *Chansons*, des *Odes* et des *Élégies*. C'est bien l'apaisement du soir. Le poème finit par un dilemne que se pose l'auteur. Sera-t-il heureux, enfin, oui ou non ? Eh bien, à travers mille ennuis, hésitations, jusqu'à la maladie qui s'en mêle, il lui semble que oui[1]. Donc il doit se taire maintenant et revenu par quel tour imprévu à de bonnes idées, ses vers proches, *Varia*, témoignent d'un grand changement pour le mieux, et d'un long, lent, mais sûr retour là où sonnent les cloches, toujours fidèles, — *l'Angélus oublié se souvient* — dans le soleil couchant, mais encore glorieux.

D'ailleurs, je suis pour le moment tout à mon « Vive le Roy ! »

P. V.

Hôpital Broussais, 3 juillet 1893.

Très recherché des amateurs, ce mince livret a atteint récemment des prix élevés dans les ventes. A citer un exemplaire de la vente Le Petit, accompagné du manuscrit d'un poème extrait du volume, s'élevant à la somme de 265 francs.

EPIGRAMMES. Paris, Bibliothèque Artistique et Littéraire [Imprimerie J. Royer, à Annonay], 1894, in-16 carré. Couverture beige, imprimée. 78 pages, y compris faux-titre et titre en rouge et noir, plus 1 f. non chiffré. Frontispice de F. A. Cazals. Tirage à

1. L'événement l'a trompé ou détrompé. Ce ne serait pas la première fois quant à ce qui le concerne et d'ailleurs il ne serait pas le seul homme dans ce cas. Mais qu'importe à l'art ?

1 000 exemplaires sur papier vélin d'Angoulême, plus 15 sur Hollande, 15 sur Chine et 20 sur Japon.

A la suite de négociations entre Verlaine et Deschamps, directeur de *La Plume* (Voir *Catalogue de la vente Le Petit*, 1918, n° 3061. Lettre de Verlaine à Deschamps), *Épigrammes* parut sous l'étiquette de cette revue. Le *Journal de la Librairie* l'annonce à la date du 15 décembre 1894. Si l'on en croit un avis du 1er octobre de la même année, l'ouvrage était alors mis en vente depuis près de deux mois. Verlaine y exprime pour la première fois son intention d'abandonner la littérature personnelle et de puiser l'inspiration de ses poèmes ailleurs que dans sa propre vie. On a pu dire de ce livre, non sans raison, qu'il marquait en quelque sorte un recul vers le Parnasse et dans le sens du Verlaine des *Fêtes Galantes*.

Cette édition est précédée de la courte note suivante, qui n'a pas été reproduite dans les *Œuvres Complètes* :

« L'opuscule que voici fut écrit par un malade qui voulait se distraire et ne pas trop ennuyer ses contemporains.

« En conséquence la postérité est priée de n'y voir qu'un jeu. »

P. V.

Hôpital Saint-Louis, Pavillon Gabrielle, mai-juin 1894.

CONFESSIONS. Notes autobiographiques. Portrait par Anquetin. Paris, Publications du « Fin de siècle ». [Imprimerie Industrielle et Artistique, Albert Ten Veldhuys, 15-17, rue des Martyrs, à Paris], 1895, in-18. Couverture jaune, imprimée. Au verso : *Œuvres de Paul Verlaine*. 1 f. (portrait par Anquetin), 246 pages, y compris le faux-titre (au verso duquel se trouve la justification du tirage de luxe puis le nom du libraire) et le titre ; 2 ff. non chiffrés ; 1 f. table, avec, au bas, cette note : « La première partie des *Confessions* de Verlaine a été publiée dans le *Fin de Siècle* du 30 septembre au 22 novembre 1894 ; la seconde partie est inédite », plus 1 f. avec une annonce du *Fin de Siècle*. Au verso du même feuillet, on lit : achevé d'imprimer, etc..., 15-17, rue des Martyrs, à Paris, le 15 mai 1895, plus 1 f. blanc.

Un exemplaire du manuscrit autographe signé, qui a servi pour l'impression du volume, a fait, avec 4 dessins dont 1 de Paul Verlaine la somme de 2.500 francs à la vente Le Petit, en 1918 Bien que déjà fort étendues, ces « Confessions » de Verlaine sont loin d'être achevées. Aussi le poète se proposait-il d'ajouter une suite à ces notes biographiques : « Le second volume sera le plus drôle, écrivait-il à Vanier, en octobre 1895. En voulez-vous ? »

On pourra consulter avec fruit, au sujet de cette publication, le troisième tome de la *Correspondance* du poète, actuellement sous presse, et particulièrement les lettres de Verlaine à Edouard Dujardin[1].

CONFESSIONS. Notes autobiographiques. Paris, Société Anonyme *La Plume* [Imprimerie J. Royer, à Annonay, Ardèche], 1899, in-18. Illustrations de F. A. Cazals. Couverture blanche, imprimée. Portrait sur la couverture, d'après Carjat. 1 f. blanc ; 2 ff. (titre et faux-titre) ; 265 pages ; plus, 1 f. Tirage à 1 100 exemplaires, sur papier vélin d'Angoulême et 6 exemplaires sur Japon.

CHAIR. Paris, Bibliothèque Artistique et littéraire [Imprimerie J. Royer, à Annonay]. 1896, in-16 carré, couverture crème imprimée. 42 pages (au verso du titre, justification du tirage), plus 1 f. non chiffré. Frontispice de Rops, sur papier couché. Tirage à 1000 exemplaires sur papier vélin et 12 ex. sur Japon (*Journal de la Librairie*, 6 février 1896). Un exemplaire de la

1. Plusieurs poèmes, cités par Verlaine dans « Confessions, n'ont pas été recueillis dans les *Œuvres Complètes* ».

vente Le Petit (1918) contenant le frontispice en trois états, a été vendu 310 francs. Le véritable texte original de ce premier recueil posthume a paru dans un numéro double de *La Plume* consacré à Paul Verlaine (1-28 février 1896). On sait que cette édition de *Chair* contient deux sonnets insérés dans *Dédicaces*. I. *A M*[me] *X* et II. *M*[me] *Jeanne*.

INVECTIVES. Paris, Léon Vanier [Imprimerie Ch. Hérissey, à Evreux], 1896, in-18. Couverture chamois, imprimée. 1 f blanc ; 1 f. (faux-titre) ; 1 f. blanc ; 1 f. (titre), plus 155 pages et une page non chiffrée (*Œuvres complètes de Verlaine*). Tirage de luxe : 61 exemplaires numérotés sur Hollande (*Journal de la Librairie*, 30 octobre 1896).

Bien qu'on ait dit que ce recueil d'esprit satirique, publié posthumément, ait vu le jour en dépit de la volonté de l'auteur, nous savons, d'après la *Correspondance*, que Verlaine en prépara le texte plusieurs années avant sa mort. On voit dans les papiers du fonds Vanier qu'une convention intervenue entre l'éditeur et le poète, prévoyait la publication d'une série de soixante et onze pièces, quelques-unes tirées de périodiques et sur lesquelles Verlaine avait touché, à titre d'avance, sa part de collaboration.

Tel qu'il se présente actuellement le livre, ne comprend que soixante-dix poèmes, quelques-uns assez anciens, publiés dans *Lutèce*, *l'Écho de Paris*, le *Chat Noir*, etc... d'autres improvisés par l'auteur lors de ses derniers séjours dans les hôpitaux parisiens. On trouvera mentionné parmi les productions pré-originales la plupart de ces pièces caustiques qui firent grand bruit lors de l'apparition du volume, et que, seule, la crainte d'une mauvaise interprétation de la presse empêcha l'éditeur Vanier de donner plus tôt au public. Dans un article de l'*Écho de Paris*, daté du 18 août 1896, le même Vanier a d'ailleurs expliqué les raisons qui l'ont porté à faire paraître *Invectives*. Nous savons, au surplus, par les correspondants de l'écrivain, combien Verlaine tenait à voir imprimer sans retard un livre destiné à exprimer à la fois ses opinions et ses ressentiments.

PAUL VERLAINE. — ALBUM DE VERS ET DE PROSE. (Anthologie contemporaine, n° 1). Prix : 15 centimes. Paris, Léon Vanier, 1897 [Évreux, Imprimerie Charles Hérissey]. 12 pp. Couverture gris-bleu. Au verso du premier plat de la couverture, on lit : *Œuvres de Verlaine.*

Cette plaquette comprend : « Mon rêve familier » (*Poèmes Saturniens*), « Les Ingénus » (*Fêtes Galantes*), « Le Faune » (*Fêtes Galantes*), « L'Amour par terre » (*Fêtes Galantes*), « En robe grise et verte avec des ruches » (*La Bonne Chanson*), « Le foyer, la lueur étroite de la lampe » (*La Bonne Chanson*), « Donc ce sera par un clair jour d'été » (*La Bonne Chanson*), « Il pleure dans mon cœur » (*Romances sans Paroles*), « Green » (*Romances sans Paroles*), « Sagesse d'un Louis Racine, je t'envie » (*Sagesse*), « Gaspard Hauser » (*Sagesse*), « Art poétique » (*Jadis et Naguère*), « Parsifal » (*Amour*), « La Belle au bois dormant » (*Amour*), « Le petit coin, le petit nid » (*Amour*), « J'ai la fureur d'aimer » (*Amour*), « Mémoire d'un Veuf », « Nuit Noire », « Nuit blanche » ; « Ballade pour nous et nos amis » (*Dédicaces* sous le titre : *Ballade en faveur des dénominés Décadents et Symbolistes*).

PHILIPPE ZILCKEN. PAUL VERLAINE. CORRESPONDANCE ET DOCUMENTS INÉDITS RELATIFS A SON LIVRE. QUINZE JOURS EN HOLLANDE. Avec une lettre de Stéphane Mallarmé et un portrait de Verlaine écrivant, d'après la pointe sèche de Ph. Zilcken, sur un croquis de J. Toorop. La Haye, Maison Blok. Paris, Floury, 1897, in-12. (Portrait de P. Verlaine sur Japon). Couverture grise, imprimée en rouge. 2 ff. (faux-titre et titre) ; 2 ff., non chiffrés [Avertissement et lettre de Stéphane Mallarmé] ; 84 pp. plus 1 f. blanc.

PHILIPPE ZILCKEN. PAUL VERLAINE. LETTRES A PROPOS DE « QUINZE JOURS EN HOLLANDE » ET DOCUMENTS INÉDITS. Lettre-préface par Stéphane Mallarmé et un portrait de Verlaine d'après le premier état d'une pointe sèche de Ph. Zilcken, suivant un croquis de Toorop. Paris, sans indication d'éditeur. Imprimerie Bénard, Liège, 1922, grand in-4°. Deuxième édition collationnée sur les originaux et considérablement augmentée. Couverture imprimée en 2 tons, rouge et noir et repliée. 53 pages, y compris 1 f. blanc (faux-titre) portrait et titre. Au verso, justification du tirage ; 3 exemplaires sur Chine, numérotés de 1 à 3 ; 20 exemplaires sur Japon, 4 à 23 ; et 320 exemplaires sur Hollande, 24 à 343.

Cette édition contient treize lettres et une préface de plus que la précédente.

ŒUVRES COMPLÈTES DE PAUL VERLAINE, Paris, A. Messein (1899-1900), 5 vol. in-16 [Évreux, Imprimerie Ch. Hérissey].

Tome I. (Octobre 1898) : 2 ff. (faux-titre et titre) ; 1 f. (faux-titre des *Poèmes Saturniens*), plus 432 pp. (*Poèmes Saturniens*, *Fêtes Galantes*, *La Bonne Chanson*, *Romances sans Paroles*, *Sagesse*, *Jadis et Naguère*.)

Tome II. (Février 1899) : 2 ff. (faux-titre et titre) plus 448 pp. (*Amour*, *Bonheur*, *Parallèlement*, *Chansons pour Elle*, *Liturgies Intimes*, *Odes en son honneur*).

Tome III. (Octobre 1899) : 2 ff. (faux-titre et titre), plus 451 pp. (*Elégies*, *Dans les Limbes*, *Dédicaces*, *Epigrammes*, *Invectives*, *Chair*.)

Tome IV. (Février 1900) : 2 ff. (faux-titre et titre), plus 454 pp. (*Les Poètes Maudits*, *Louise Leclercq*, *Les*

Mémoires d'un Veuf, *Mes Hôpitaux*, *Mes Prisons*.)

Tome V. (Octobre 1901) : 2 ff. (faux-titre et titre), plus 486 pp. (*Confessions*, *Quinze jours en Hollande*, *Les Hommes d'aujourd'hui*.)

Cette édition est insuffisante et souvent fautive. On y remarque quelques inadvertances et, pour plusieurs ouvrages : *Romances sans Paroles*, *Bonheur* et *Invectives*, une interversion dans l'ordre chronologique de publication.

L'édition des *Œuvres Complètes* avait été primitivement offerte à plusieurs éditeurs, mais le projet de publication n'aboutit pas[1].

ŒUVRES COMPLÈTES DE PAUL VERLAINE, Paris, A. Messein (1911-1912). 5 vol. in-8° [Saint-Amand, Imprimerie Bussière]. Même disposition que la précédente édition. A noter, toutefois, que le texte en a été revu par Charles Morice et que les recueils du poète sont classés dans leur véritable ordre chronologique. La pagination des tomes est un peu différente de celle qu'on observe dans l'édition antérieure, à savoir :

1. Selon M. Montel, Verlaine avait d'abord, sans succès, proposé la publication de l'ensemble de son œuvre à Alphonse Lemerre. En octobre 1889, il faisait la même proposition à l'éditeur belge Deman.

Ce dernier, « dont nous ne possédons pas les réponses, dut s'étonner que Verlaine n'eut point déjà vendu le droit de publication de ses œuvres, car, au mois de décembre 1889, le poète précise :

« *Étant jusqu'à nouvel ordre engagé par traité pour certaines de mes œuvres je ne puis que certifier que je n'ai abandonné à personne la propriété de mes œuvres complètes, que je la cède et que je me déclare responsable quant aux revendications évidemment mal fondées qui pourraient se produire à cet égard.*

« Ces explications ne durent point paraître suffisantes à Deman ; aussi en janvier 1890, Verlaine se décide à lui révéler le texte exact du traité précédemment passé avec Vanier. Mais il l'accompagne d'une consultation délivrée par un avocat de ses amis et qui tend à faire croire que Verlaine n'a pas cédé ses œuvres complètes à Vanier, mais qu'au contraire Vanier a pris l'engagement de les publier ! »

L'entente ne put se faire entre Deman et le poète, dont la totalité des *Œuvres* resta la propriété de son éditeur habituel.

Tome I. (Avril 1911) : 2 ff. (faux-titre et titre, au verso duquel on lit la justification du tirage de luxe et un Avertissement de Charles Morice), plus 434 pp.

Tome II. (Juin 1911) : 2 ff. (faux-titre et titre), plus 448 pp.

Tome III. (Novembre 1911) : 2 ff. (faux-titre et titre), plus 443 pp.

Tome IV. (Juin 1912) : 2 ff. (faux-titre et titre), plus 438 pp.

Tome V. (Décembre 1912) : 2 ff. (faux-titre et titre), plus 476 pp.

Malgré les dispositions prises par l'éditeur, on ne peut assurer que ce texte soit absolument préférable à celui de la précédente édition. Non seulement on peut relever dans les nouveaux tomes des particularités déconcertantes, mais il y a lieu encore de signaler, au cours des diverses œuvres ici réimprimées, la suppression de certains sonnets de *Dédicaces* publiés dans *Amour*, puis des interversions, voire même des omissions, qui rendent le texte établi par Charles Morice plus que douteux. La liste de toutes les erreurs qui défigurent cette nouvelle version serait longue à établir. Nous sommes heureux de savoir que M. Messein envisage la publication d'une édition critique vraiment définitive cette fois, qui comblera toutes les lacunes signalées plus haut.

ŒUVRES POSTHUMES DE PAUL VERLAINE. I. Vers : *Vers de Jeunesse; Varia; Pièces de « Parallèlement » et de « Dédicaces » pour une édition, nouvelle; Le Livre Posthume.* II. Prose : *Souvenirs; Histoires comme ça.* Paris, A. Messein, 1903, petit in-8° [Saint-Amand, Imprimerie Bussière], couverture blanche, imprimée. 1 f. blanc; 2 ff. (faux-titre et titre) ; 387 pp. ; plus 1 f. blanc. Édition originale, imprimée sur papier vergé. Tirage de luxe : 10 exemplaires sur Japon et

15 exemplaires sur Hollande. Tous ces exemplaires sont numérotés à la presse et paraphés par l'éditeur.

Ainsi que l'annonce son titre, cette édition ne renferme que des textes strictement originaux, soit en partie des recueils incomplets de Verlaine, des vers de jeunesse et des articles publiés dans des revues. Parmi les ouvrages interrompus par la mort du poète, il faut classer au premier rang *Varia* et les pièces du *Livre Posthume*. On sait que *Varia* devait faire suite à *Épigrammes* et le *Livre Posthume* composer un volume de caractère absolument différent. C'est peut-être à tort qu'on a écrit récemment qu'*Invectives*, diminué et corrigé, devait faire partie de ce recueil. *Invectives* était destiné par l'auteur à former un livre satirique absolument différent des autres ouvrages de Verlaine, et par cela même à subir de nombreuses modifications. *Varia*, qui compose une des premières parties de l'ouvrage, est avec les nouvelles, un des morceaux les plus importants du volume. Ces dernières, ajouterons-nous, constituent le seul fragment écrit par Verlaine des *Histoires comme ça*, qui avaient dû paraître chez l'éditeur Savine, et que l'auteur semblait avoir complètement délaissées au moment de sa mort. Le recueil des *Œuvres Posthumes* est complété par des pièces destinées à de nouvelles éditions de *Parallèlement* et de *Dédicaces*. La réunion des textes formant l'ensemble de l'ouvrage fut faite par M. Gustave Kahn, malheureusement avec des moyens insuffisants, ce dernier n'ayant sans doute pas eu entre les mains tous les éléments nécessaires à ce travail. L'éditeur, M. Messein, s'en est expliqué lui-même dans un court Avertissement imprimé au début de la deuxième édition des *Œuvres Posthumes*.

ŒUVRES POSTHUMES DE PAUL VERLAINE. Paris, A. Messein [Saint-Amand, Imprimerie Bussière], 1911, 2 vol. in-8°, couverture blanche, imprimée. On lit, au-dessous du titre :

Tome I : *Vers de jeunesse. Varia. Parallèlement* (additions). *Dédicaces* (additions). *Souvenirs. Histoires comme ça.* Texte définitif, collationné sur les originaux. 2 ff. (faux-titre et titre. Au verso du titre, justification du tirage de luxe) ; 408 pp. ; 1 f. (achevé d'imprimer), plus 1 f. blanc. L'achevé d'imprimer porte : 2 juillet 1911.

Tome II : *Charles Baudelaire. Voyage en France par un Français. Souvenirs et Promenades. Quelques Vers inédits. Critiques et Conférences. Dessins de Paul Verlaine.* 2 ff. (faux-titre et titre. Au verso, justification du tirage de luxe), plus 431 pp. L'achevé d'imprimer porte : 23 mai 1913.

Édition en partie originale, imprimée sur papier vergé. Tirage : 10 exemplaires sur Hollande, pour le tome premier, 10 exemplaires sur Japon et 25 exemplaires sur Hollande, pour le tome second.

Cette seconde édition des *Œuvres Posthumes*, comporte, outre la matière de la publication de 1903, revue et légèrement remaniée, toute une partie originale qui a nécessité un tome nouveau. Les remaniements du volume antérieurement paru, portent surtout sur l'ordre des poèmes ou des proses. Ainsi les *Vers de Jeunesse* sont placés en tête et les *Souvenirs et Fantaisies* ont repris leur titre exact : *Histoires comme ça*. On a, d'autre part, supprimé quelques pièces, les unes parce qu'elles se trouvaient déjà insérées dans l'œuvre complète, les autres parce qu'elles étaient d'origine douteuse. Quelques critiques se sont élevés vivement contre les défauts de cette édition due à Charles Morice. Il serait superflu de les relever ici. Disons simplement que diverses lacunes peuvent y être observées et qu'on y chercherait en vain bon nombre de pages, parmi les plus caractéristiques, publiées dans des périodiques connus. C'est le cas notamment pour *L'Hôpital partout* et *La Prison nulle part*, publiés avec l'épilogue de *Varia*, sous le titre *Trois Epilogues en manière d'adieu à la Poésie personnelle*, dans la *Revue Blanche* du 1er juin 1895. Signalons encore, dans *Lutèce*, *Café de Lettres* et *Ultima Ratio*, parus respectivement dans les numéros du 20 au 27 juillet 1884 et du 15 au 23 novembre 1885. A voir encore dans *Le Chat Noir* du 12 janvier 1889, un extrait de *Gosses*, dédié à Mme Rachilde qu'il y aurait eu intérêt à trouver reproduit ici.

Il en est de même pour divers poèmes et articles parus dans des revues anglaises. Ce ne sont pas d'ailleurs les seuls reproches qu'on pourrait faire à cette édition, dans laquelle les interversions, les fragments incorrects, les inadvertances de lecture, les doubles emplois ne se comptent plus. Il serait à souhaiter (comme pour les *Œuvres complètes*) que l'éditeur, M. Albert Messein, fît une refonte de cette publication. Très renseigné des choses qui touchent Verlaine, nous croyons savoir qu'il prépare une nouvelle édition corrigée et considérablement augmentée des *Œuvres Posthumes*.

149 HOMBRES (Hommes). Imprimé sous le manteau et ne se vend nulle part, 1904, in-18. Couverture havane, imprimée en vert et repliée. 1 f. (faux-titre) ; 1 f. (titre), au verso, justification du tirage ; 48 pages ; 1 f. (table), plus 1 f. blanc. Tirage à 525 exemplaires, soit 25 sur Japon, marqués de A à Z et 500 exemplaires sur Hollande, numérotés de 1 à 500.

On sait qu'il existe de cet ouvrage érotique, composé en 1892[1] (et dont certaines pièces circulèrent longtemps manuscrites), des exemplaires défectueux ; dans ces derniers, les pages 10 et 14 ont été transposées, la pièce : *Balanide II*, se trouvant placée par erreur avant celle qui porte ce titre : *Balanide I*. On signale également des interversions corrigées à la plume par l'éditeur aux pages 46, 47 et 44 devenues ainsi 44, 45 et 48.

Voyez : *La Trilogie érotique de Paul Verlaine* (*Les Amies*, *Femmes*, *Hombres*). Édition illustrée de 15 eaux-fortes, par Van Troizem et augmentée d'un Avant-propos par un Bibliophile Verlainien. A Paris et à Londres, 1907, in-8°.

POÉSIES RELIGIEUSES. Paris, Albert Messein. Préface de J. K. Huysmans [Saint-Amand, Imprimerie Bussière], 1904, in-18. Couverture citron, imprimée. Choix de poèmes d'expression catholique empruntés à l'œuvre du poète, et dont voici le détail : 18 pièces

1. On trouve parmi les papiers du fond Vanier, un reçu de quarante francs à valoir sur ce livre à la date du 19 mars 1892 (Cf. *Correspondance*, II, p. 348)

extraites de *Sagesse ;* 15 pièces extraites d'*Amour ;* 25 pièces extraites de *Bonheur;* 24 pièces extraites de *Liturgies Intimes* et 7 pièces extraites des *Œuvres Posthumes.* 1 f. blanc, plus XXIX pp. (faux-titre, titre et préface) 255 pp. ; plus 1 p. non ch. (portant l'achevé d'imprimer) et 1 f. blanc. Tirage de luxe : 15 exemplaires sur Hollande van Gelder, numérotés.

 POÉSIES RELIGIEUSES, nouvelle édition. Préface de J. K. Huysmans. Paris, G. Crès et Cie, [Collection « Le Livre Catholique »], 1921, in-16. Bois dessinés et gravés par Charles Bisson. Volume établi par Charles Grolleau. Tirage à 2270 exemplaires, tous numérotés. Le texte reproduit exactement la version précédente.

LETTRES DE PAUL VERLAINE A FÉLICIEN ROPS, RELATIVES A « PARALLÈLEMENT ». *Mercure de France*, 1er janvier 1905, plaquette rarissime de 8 pp., petit in-4°, non chiffré. Tirage limité à 8 exemplaires, couverture gris verdâtre. Petite vignette sur le titre et la couverture, représentant une nef antique[1].

Reproduction, exécutée en 1914, de trois lettres de Verlaine. La « firme » et la date de la plaquette ne signifient point, comme on pourrait le supposer, que celle-ci ait paru dans les éditions du *Mercure de France*, mais rappellent simplement l'origine de la publication. Voyez la revue de ce nom.

CORRESPONDANCE VERLAINE-ROPS à propos de « PARALLÈLEMENT ». Tirage hors commerce.

1. La même marque se trouve également sur une autre plaquette : *Douze Poèmes de Charles Baudelaire, publiés en fac-similé sur les Ms. originaux, avec le texte en regard, d'après les éditions des* Fleurs du Mal. Paris, G. Crès, 1917, in-8°.

Paris, MCMXVIII, in-8°, 14 pp. non chiffrées. La couverture crème, porte : *Verlaine-Rops. Correspondance à propos de « Parallèlement ». Édition de l'École Estienne. Paris, MCMXVIII.* Petite vignette sur le titre, représentant un portrait de Paul Verlaine, en couleur par F. A. Cazals. On lit au verso : « Cette édition hors commerce a été tirée à 33 exemplaires, numérotés et signés. Elle est réservée aux admirateurs et aux amis de Paul Verlaine. »

Réimpression plus complète de l'édition précédente. Ce petit recueil renferme IX lettres, dont V de Paul Verlaine, les autres de F. Rops, Vanier, Mallarmé et Léon Deschamps. Chose singulière, une des trois lettres de Verlaine, recueillies dans l'édition précédente, n'a pas été réimprimée ici.

Il a paru, de plus, en un feuillet, le fac-simile d'une lettre complémentaire, oubliée par l'éditeur du présent ouvrage. Cette lettre, adressée par Rops à l'auteur de *Parallèlement*, nous fournit de curieux détails sur le frontispice que l'artiste se proposait de faire pour l'ouvrage du poète. Ce document, tiré à quelques rares exemplaires, a été publié d'après l'original appartenant à M. Armand Lods.

VOYAGE EN FRANCE PAR UN FRANÇAIS, publié d'après le manuscrit inédit. Préface de Louis Loviot, Paris, A. Messein [Imprimerie Bussière, Saint-Amand, Cher], 1907, in-18. Couverture jaune clair imprimée. 137 pages, y compris faux-titre, titre, préface, justification du tirage ; 6 exemplaires sur Hollande, 10 sur Japon, et un tirage réservé pour la Société des XX. Sur la couverture des seize exemplaires de luxe, on lit : *Tirage spécial pour la librairie Dorbon aîné.*

Bien que publié plus de dix années après la mort de l'auteur, cet ouvrage a été composé vers 1880. Le poète l'annonce parmi ses publications projetées, sur le feuillet liminaire de la première édition de *Sagesse*, en 1881. N'ayant pu le placer, il se vit contraint à le céder en juillet 1891, à son logeur, en paiement d'une somme de deux cents francs. Le manuscrit fut ensuite racheté par un bibliophile, M. Delzant, et c'est en raison de cette circonstance qu'il dut d'être imprimé. On le trouve également au tome II des *Œuvres Posthumes*, p. 33 à 125. Il est accompagné dans ce volume d'une notice rappelant son origine.

PAUL VERLAINE. VERS, Leïpzig, Rowohlt, 1910, in-8°. Poèmes extraits des trois premiers volumes des *Œuvres Complètes*, soit de : *Poèmes Saturniens; Fêtes Galantes; La Bonne Chanson; Romances sans Paroles; Sagesse; Jadis et Naguère; Amour; Bonheur; Parallèlement; Liturgies Intimes; Épigrammes; Invectives.*

Rés. m. Ye. 426

BIBLIO-SONNETS. Poèmes inédits. Illustrations de Richard Ranft. Préface de Pierre Dauze. Paris, Floury, 1913, in-8°. Titre en rouge. Couverture rose, imprimée et repliée. [Imprimerie Paillard]. 3 ff. blancs ; plus 2 f. (faux-titre, justification du tirage et titre) ; 1 f. (Avant-propos) ; 3 ff. (Préface de P. Dauze) ; 66 pp. 1 f. (Table des Matières) et 1 f. (Vignette au recto), plus 28 ff. Chine, contenant une suite des illustrations. Édition tirée à 131 exemplaires, avec suite sur Chine, savoir : 1 exemplaire sur vélin, 20 sur Japon (pour la Société « Les XX »), 5 exemplaires sur Japon rouge, 5 exemplaires sur Japon impérial et 100 exemplaires sur vergé.

Recueil de vingt lettres et de XIII sonnets sur la Bibliophilie adressés à M. Pierre Dauze et publiés par ses soins. Non recueillis jusqu'à ce jour dans les *Œuvres Complètes* et dans la *Correspondance* du poète. Voici les titres des sonnets qui composent ce recueil demeuré inachevé : I. *Bibliophilie;* II. *Bibliomanie;* III. *Bibliothèques;* IV. *L'Arrivée du Catalogue;* V. *Édition originale contemporaine;* VI. *Désappointement;* VII. *Pauca Mihi;* VIII. *Les Quais;* IX et X. *Bibliophobes* : I et II ; XI, XII et XIII. *Bibliotaphes*, I, II et III.

(Voir *Revue Biblio-Iconographique.*)

La correspondance occupe les 14 premières pages.

DOCUMENTS RELATIFS A PAUL VERLAINE. Lettres, Dessins, pages inédites recueillis et décrits par Ernest Delahaye. Paris, « Maison du Livre », 1919, in-16. Lettres à E. Delahaye et à Irénée Decroix.

CORRESPONDANCE DE PAUL VERLAINE, publiée sur les Manuscrits originaux, avec une Préface et des Notes par Ad. van Bever. Paris, A. Messein, 1922, in-16, 336 pp. [Imprimerie Bussière, à Saint-Amand, Cher]. Couverture crème.

TOME PREMIER. *Lettres à Edmond Lepelletier, Léon Valade, A Poulet-Malassis et Émile Blémont* (première série). Ce premier tome de la *Correspondance* contient CLXII lettres, accompagnées de XLVI poèmes de Verlaine, et suivies de notes et d'éclaircissements. Tirage de luxe : 15 exemplaires sur Japon, 25 sur Hollande, et 30 sur papier de Rives.

CORRESPONDANCE DE PAUL VERLAINE, publiée sur les Manuscrits originaux, avec des notes par Ad. van Bever. Paris, A. Messein, 1923, in-16, 4 pp. n. chiffrées (faux-titre et titre) plus 362 pp. dont un verso blanc [Imprimerie Bussière, à Saint-Amand, Cher]. Couverture crème.

TOME DEUXIÈME. *Lettres à Émile Blémont* (Deuxième série), *Léon Vanier*, *Albert Savine* et aux « *Chères Amies* ». Recueil de CCLXXV lettres et de VII poèmes ; suivi d'un supplément relatif aux deux tomes parus, d'additions, de notes et d'éclaircissements. Même tirage de luxe que pour le volume précédent.

[CELLULAIREMENT]. Il s'agit, non point, comme on pourrait le croire, d'un recueil de Verlaine, mais d'un manuscrit composé par ce dernier et renfermant, dans un ordre logique, les pièces écrites pendant le séjour du poète à la Maison cellulaire de Mons, de juillet 1873 à août 1874. Formé de vingt poèmes qui furent répartis dans cinq recueils divers : *Sagesse* (1881), *Jadis et Naguère* (1884), *Parallèlement* (1889), *Dédicaces* (1890) et *Invectives* (1896), le manuscrit de *Cellulairement* a été décrit et analysé par l'un de ses possesseurs, Ernest Dupuy, dans un volume : *Poèmes et critiques* (Paris. Hachette, 1914. in-18) et dans la *Revue d'Histoire Littéraire de la France* de juillet-septembre 1913 (cf. *Étude critique sur le texte d'un manuscrit de Paul Verlaine*). Nous en connaissons, de la sorte, toutes les particularités et les variantes. L'original, qui avait été offert par l'auteur, vers la fin de sa vie, au peintre Félix Bouchor, appartient actuellement à M. Louis Barthou. Il comporte les pièces suivantes : I. Au Lecteur (*Parallèlement*) ; II. Impression fausse (*Parallèlement*) ; III. Autre (*Parallèlement*) ; IV. Sur les eaux (*Sagesse*) ; V. Berceuse (*Sagesse*) ; VI. La Chanson de Gaspard Hauser (*Sagesse*) ; VII. Un Pouacre (*Jadis et Naguère*) ; VIII. Almanach pour l'année passée [I, II], III (*Vendanges*), IV. (*Sonnet boiteux*), (*Sagesse, Jadis et Naguère*) ; IX. Kaléidoscope (*Jadis et Naguère*) ; X. Réversibilités (*Parallèlement*) ; XI. Images d'un sou (*Jadis et Naguère*) ; XII. Vieux Coppées, suite de dix Dizains, (*Parallèlement, Jadis et Naguère, Sagesse, Dédicaces et Invectives*) ; XIII. L'Art poétique (*Jadis et Naguère*) ; XIV. Via Dolorosa (*Sagesse*) ; XV. Crimen

Amoris (*Jadis et Naguère*); XVI. La Grace (*Jadis et Naguère*); XVII. Don Juan pipé (*Jadis et Naguère*); XVIII. L'Impénitence finale (*Jadis et Naguère*); XIX. Amoureuse du Diable (*Jadis et Naguère*); XX. Final [*Jésus m'a dit...*] (*Sagesse*).

ÉDITIONS COLLECTIVES
A
TIRAGE RESTREINT

POÉSIES DE PAUL VERLAINE. Cette série, qui comporte, pour chaque volume, des illustrations en couleurs, est publiée par M. A. Messein. Elle doit comprendre les Poésies complètes de Verlaine. Ont déjà paru dans cette série : *Poèmes Saturniens* (1914), avec illustrations de H. Bouché-Leclercq, *La Bonne Chanson* (1914); avec illustrations de Paul Guignebault, *Fêtes Galantes* (1915), avec illustrations de Robert Bonfils; *Romances sans Paroles* (1920), avec illustrations de Ch. Picart Le Doux; *Parallèlement* (1921), avec illustrations de R. Drouart; *Jadis et Naguère*, (1921), avec illustrations de Léon Voguet; *Amour* (1922), avec illustrations de Th. Himmel; *Bonheur* (1923), avec illustrations de Pierre Peltier; *Chansons pour Elle* (1923), avec illustrations de Quint; *Liturgies Intimes* (1923), avec illustrations de G. Assire; *Sagesse* (1924), avec illustrations de Daniel Richard; *Élégies* (1924), avec illustrations de André Cahard, etc.

PAUL VERLAINE. — POÉSIES COMPLÈTES. « Collection des Poètes Maudits ». Éditions de la Banderole. Paris, G. Crès et Cie (En cours de publication).

Tome I. *Vers de jeunesse*, *Poèmes Saturniens*, *Fêtes Galantes*, *Romances sans Paroles*, *La Bonne Chanson*. Avertissement non signé. Imprimerie Coulouma. Achevé d'imprimer le 25 mai 1923.

Tome II. *Sagesse*, *Jadis et Naguère*. Imprimerie Coulouma. Achevé d'imprimer le 30 janvier 1924.

Tome III. *Amour* et *Parallèlement*. Imprimerie Coulouma. Achevé d'imprimer le 18 juin 1924.

Tome IV. *Bonheur*, *Chansons pour Elle*, *Liturgies intimes*, *Elégies*. Imprimerie Coulouma. Achevé d'imprimer le 3 juillet 1925.

PRÉFACES DE PAUL VERLAINE

On trouve des Préfaces, Notices, etc, de Verlaine dans les ouvrages qui suivent.

ARTHUR RIMBAUD : LES ILLUMINATIONS. Paris, Éditions de la Vogue, 1886. Tirage à 200 exemplaires, in-8.

« Le livre que nous offrons au public fut écrit... »

Cf. Réimpression : *Les Illuminations. Une Saison en Enfer*, etc. Paris, L. Vanier, 1892, in-18. — Œ. P., II, p. 252.

HENRI D'ARGIS : SODOME. Paris, Piaget, éditeur, 1888, in-16.

Non recueilli.

EUGÈNE VERMERSCH : L'INFAMIE HUMAINE. Paris, Lemerre, 1890, in-16.

Non recueilli.

GEORGES SUZANNE : PREMIERS POÈMES. Paris, 1891, in-16 (200 ex.).

Non recueilli.

MAURICE BOUKAY : CHANSONS D'AMOUR. Paris, E. Dentu, 1893, in-16.

Non recueilli.

ÉMILE BOISSIER : DAME MÉLANCOLIE. Paris, L. Vanier, 1893, in-12.

Non recueilli.

ARTHUR RIMBAUD : POÉSIES COMPLÈTES. Paris, L. Vanier, 1895, in-12.

« A mon avis tout à fait intime, j'eusse préféré... »

Œ. P., II, p. 255.

VICOMTE DE COLLEVILLE : ÉPHÉMÈRES. Paris, Bibliothèque Artistique et Littéraire, 1895, in-16.

Non recueilli.

PATERNE BERRICHON : LE VIN MAUDIT, petits poèmes. Paris, Bibliothèque Artistique et Littéraire, 1895, in-16. Sonnet par P. Verlaine. (Voir *Dédicaces*, 1890.)

II

PUBLICATIONS PRÉ-ORIGINALES

Nous avons adopté, pour la présente partie, le classement chronologique, préférable à tout autre, croyons-nous, car il permet de suivre l'auteur dans l'évolution de sa pensée. S'il offre des inconvénients, il a cet avantage de permettre de se retrouver aisément dans l'immense production de l'auteur de *Sagesse*, et surtout de voir se constituer peu à peu son œuvre. Les revues sont mentionnées sans interruption depuis le début de la collaboration de l'écrivain. A la date des fascicules est joint non seulement le titre, mais le commencement de chaque publication de Verlaine. Pour faciliter la consultation de ce tableau, nous avons renvoyé chaque œuvre citée, d'abord à l'édition originale, et ensuite aux *Œuvres Complètes*. Nous n'avons jamais tenu compte, dans nos renvois, de l'édition des *Œuvres Posthumes* de 1903, dont l'incorrection est notoire.

LA REVUE DU PROGRÈS

Directeur ; Louis-Xavier de Ricard.

1863

Août. — *Monsieur Prudhomme.*

Il est grave : il est maire et père de famille

(Signé : Pablo) et publié avec le sous titre : *Satirette*. *Poèmes Saturniens*, p. 74. Œ. C., I, p. 44.

L'ART

Rédacteur en chef : Louis-Xavier de Ricard.

1865

2 novembre. — *Le Juge jugé. Les Œuvres et les Hommes, par J. Barbey d'Aurevilly. Les Poètes.* (Paris, Amyot. MDCCCLXV.)

« Il y a plusieurs hommes dans M. Barbey d'Aurevilly... »

Œ. P. II, p. 306.

16 novembre. — *Littérature. Charles Baudelaire. I.*

« Parlez de Charles Baudelaire à quelques-uns de ces amateurs... »

Œ. P. II, p. 7.

30 novembre. — *Charles Baudelaire. II.*

« La poétique de Charles Baudelaire, qui, s'il devait un soir... »

Œ. P. II, p. 16.

16 décembre. — *J'ai peur dans les bois.*

D'autres, des innocents ou bien des lymphatiques.

Poèmes Saturniens, p. 111, Œ. C. I, p. 55.

23 décembre. — *Charles Baudelaire*, III.

« Ce qu'on remarquera dès l'abord, pour peu que l'on examine... »

Œ. P. II, p. 23.

30 décembre. — *Nevermore.*

Souvenir, souvenir, que me veux-tu ? L'automne...

Poèmes Saturniens, p. 15. Œ. C., I, p. 11.

Ibid. — *Critique. Le Juge jugé. Les Œuvres et les Hommes. Les Romanciers, par J. Barbey d'Aurevilly.* (Amyot. MDCCCLXV).

« Vous vous souvenez peut-être d'un article signé de votre serviteur... »

Œ. P., II, p. 319.

LE PARNASSE CONTEMPORAIN
1866

Recueil de vers nouveaux, Paris, Alphonse Lemerre, in-8°.

Les Vers dorés.

L'Art ne veut point de pleurs et ne transige pas

Publié dans : *Paul Verlaine*, par Edmond Lepelletier, p. 160 et réimprimé dans le Supplément littéraire du *Figaro* du 3 mars 1923. *Correspondance*, II, p. 345.

Dans les bois.

D'autres, des innocents ou bien des lymphatiques

Publié déjà dans *L'Art*, 16 déc. 1865.

Poèmes Saturniens, p. 111. Œ. C., I, p. 55.

Il Bacio.

Baiser, rose trémière au jardin des caresses

Poèmes Saturniens, p. 107. Œ. C., I, p. 54.

Cauchemar.

J'ai vu passer dans mon rêve

Poèmes Saturniens, p. 33. Œ. C., I, p. 19.

Sub Urbe.

Les petits ifs du cimetière

Poèmes Saturniens, p. 87. Œ. C., I, p. 47.

Marine.

L'Océan sonore

Poèmes Saturniens, p. 36. Œ. C., I, p. 21.

Mon rêve familier.

Je fais souvent ce rêve étrange et pénétrant

Poèmes Saturniens, p. 23. Œ. C., I, p. 15.

Angoisse.

Nature, rien de toi ne m'émeut, ni les champs

Poèmes Saturniens, p. 27. Œ. C., I, p. 17.

REVUE DU XIXe SIÈCLE

1866

Octobre-décembre. — *Grotesques.*

Leurs jambes pour toutes montures

Poèmes Saturniens, p. 40. Œ. C., I, p. 23.

1867

Avril-juin. — *Nevermore.*

Souvenir, souvenir, que me veux-tu ? L'automne

Publié déjà dans *L'Art,* du 30 décembre 1865.

Poèmes Saturniens, p. 103. Œ. C., I, p. 11.

LE PARNASSE CONTEMPORAIN

1869

Les Vaincus.

La Vie est triomphante et l'Idéal est mort !

Publié déjà dans *La Gazette Rimée* du 20 mai 1867. *Jadis et Naguère*, p. 96. Œ. C., I, p. 376.

L'Angelus du matin.

Fauve avec des tons d'écarlate

Jadis et Naguère, p. 90. Œ. C., I, p. 371.

La Soupe du Soir.

Il fait nuit dans la chambre étroite et froide où l'homme

Jadis et Naguère, p. 93. Œ. C., I, p. 373.

Sur le Calvaire.

Lorsque Jésus fut mort, et comme une auréole

Œ. P., I, p. 9, avec cette note : « Sonnet de jeunesse, publié sur une copie. »

La Pucelle.

Quand déjà pétillait et flambait le bûcher

Jadis et Naguère, p. 89. Œ. C., I, p. 370.

LA GAZETTE RIMÉE

Directeur : Robert Luzarche.

1867

20 février. — *Fêtes Galantes.*

Votre âme est un paysage choisi

Fêtes Galantes (sous le titre : *Clair de Lune*), p. 1. Œ. C., I, p. 83.

Ibid. — *Trumeau.*

Les donneurs de sérénades

Fêtes Galantes (sous le titre : *Mandoline*), p. 33. Œ. C., I, p. 102.

20 mai. — *Les Poètes.*

I

La Vie est triomphante et l'Idéal est mort

II

Une faible lueur palpite à l'horizon

Jadis et Naguère (sous le titre : *Les Vaincus*), p. 96. Œ. C., I, pp. 376-377.

Voyez : *Le Parnasse contemporain*, de 1869.

L'ÉTENDARD

1867

Mai. — *Le Livre de Jade, par Judith Walter.*

« Comment peut-on être Chinois ? »

Œ. P., II, pp. 300 à 302.

L'INTERNATIONAL

1867

24 juin. — *Hernani. Première représentation.*

« Le succès d'Hernani a été immense, colossal, écrasant !... »

Œ. P., II, pp. 303 à 305.

LE HANNETON

Directeur : Eugène Vermersch.

1867

25 juillet. — *Le Clown.*

Bonsoir, Paillasse, adieu Bobèche, arrière Gille !

(Réimprimé dans *La Nouvelle Rive Gauche*, du 5 janvier 1883.)

Jadis et Naguère, p. 19. ŒE. C., I, p. 309.

Ibid. — *Circonspection.*

Donne ta main, retiens ton souffle et seyons-nous.

Jadis et Naguère, p. 29. ŒE. C., I, p. 318.

8 août. — *Corbillard.*

« J'étais dans le haut de la rue Notre-Dame-de-Lorette... »

Mémoires d'un Veuf (sous le titre de : *Corbillard au galop*), p. 137. ŒE. C., IV, p. 240.

Ibid. — *Sappho.*

Furieuse, les yeux caves et les seins roides

Les Amies, p. 15. *Parallèlement*, p. 17. ŒE. C., II, p. 133.

Ibid. — *A Horatio.*

Ami, le temps n'est plus des guitares, des plumes

(Réimprimé dans *La Nouvelle Rive Gauche*, du 5 janv. 1883.)

Jadis et Naguère, p. 17. ŒE. C., I, p. 307.

15 août. — *Mal'aria.*

« Êtes-vous comme moi ? Je déteste les gens qui ne sont pas frileux... »

Mémoires d'un Veuf, p. 77. ŒE. C., IV, p. 214.

26 septembre. — *Paysage historique.*

Un très vieux temple antique s'écroulant

Parallèlement (sous le titre : *Allégorie*), p. 3. Œ. C., II, p. 127.

Ibid. — *Le Poteau.*

« Edgard Poë me disait un jour.. »

Louise Leclercq, p. 89. Œ. C., IV, p. 154.

3 octobre. — *Intérieur.*

A grands plis sombres une ample tapisserie

Jadis et Naguère, p. 15. Œ. C., I, p. 305.

24 octobre. — *Les Imbéciles.*

« La France aux yeux ronds » prévue par le poète, »

Paru à nouveau dans *Les Maîtres de la Plume* du 1er janvier 1924.

Non recueilli dans les Œ. C.

1868

2 janvier. — *Qui veut des Merveilles?* Revue de l'année 1867, par François Coppée et Paul Verlaine.

Précieux abonnés, aimables acheteurs

Œ. P., II, p. 205.

30 janvier. — *L'Auberge.*

Murs blancs, toit rouge, c'est l'auberge fraîche au bord

Jadis et Naguère, p. 28. Œ. C., I, p. 317.

5 mars. — *Allégorie.*

Despotique, pesant, incolore, l'Été

Jadis et Naguère, p. 27. Œ. C., I, p. 316.

16 avril. — Bibliographie. *Les Intimités, par François Coppée.*

« Les lecteurs du *Hanneton* connaissent la plupart de ces petits poèmes... »

Non recueilli dans les Œ. C.

LA REVUE DES LETTRES ET DES ARTS

Directeur : Armand Gouzien.
Rédacteur en chef : Villiers de l'Isle Adam.

1867

24 novembre. — *Paris, par Victor Hugo.*

« Ne vous attendez pas, de notre part, à ce qu'on appelle « une critique ».

Œ. P., II, p. 344.

15 décembre. — *Les Loups.*

Parmi l'obscur champ de bataille

Jadis et Naguère, p. 82. Œ. C., I, p. 364.

1868

16 février. — *Nevermore.*

« L'humble cabaret d'autrefois est plein de soleil couchant... »

Mémoires d'un Veuf (sous le titre : *A La Campagne*). IV, p. 85. Œ. P., I, p. 218.

23 février. — *Un Grognard.*

Or, ce vieillard était horrible : un de ses yeux

Reproduit dans *La Nouvelle Némésis*, du 10 octobre 1868. *Jadis et Naguère* (sous le titre : *Le Soldat Laboureur*), p. 77. Œ. C., I, p. 359.

LE NAIN JAUNE

Directeur : Gregory Ganesco.

1868

28 septembre. — *Le Monstre.*

J'ai rêvé d'une bête affreuse et d'un grand nombre

Publié dans *Le Figaro* (Supplément Littéraire) du 3 mars 1923, article de M. Maurice Monda, et dans la *Correspondance*, t. II, Appendice, p. 335.

Non recueilli dans les Œ. C.

LA NOUVELLE NÉMÉSIS

1868

10 octobre. — *Un Grognard.*

Or, ce vieillard était horrible : un de ses yeux

Publié déjà dans *La Revue des Lettres et des Arts*, du 23 février 1868. — *Jadis et Naguère* (sous le titre : *Le Soldat Laboureur*), p. 77. Œ. C., I, p. 359.

LE RAPPEL

1869

19 mai. — *Au pas de charge.*

Peuple, il faut voir tout en rose

Cette pièce, en six quatrains, a paru sous la signature : Bara. On sait, d'après Edmond Lepelletier, que Verlaine collabora plusieurs fois au *Rappel*, sous divers pseudonymes.

Non recueilli.

LA PARODIE

Rédacteur en chef : André Gill.

1869

Premier numéro : 4 juin 1869. Dernier numéro : 16 janvier 1870. En tout 21 fascicules.

1870

2 au 9 janvier. — *Poèmes en prose.*

I. Éloges des fleurs artificielles.
II. Les Estampes.
III. L'hystérique.

Mémoires d'un Veuf, pp. 123, 115, 127. Œ. C., IV (sous le titre : *Les Fleurs artificielles*), pp. 234, 229 et 236.

9 au 16 janvier. — *Par la croisée.*

« La fenêtre de mon ami ne donnait point sur la rue. . »

Mémoires d'un Veuf, p. 49. Œ. C., IV, p. 201.

LA RENAISSANCE LITTÉRAIRE ET ARTISTIQUE

Rédacteur en chef : Emile Blémont.
Directeur-gérant : Jean Aicard.

1872

18 mai — *Romances sans Paroles.*

C'est l'extase langoureuse

Romances sans Paroles, p. 7. Œ. C., I, p. 153.

29 juin. — *Ariette.*

Le piano que baise une main frêle

Romances sans Paroles, p. 11. Œ. C., I, p. 158.

24 août. — *Pantoum négligé.*

Trois petits pâtés, ma chemise brûle.

Attribué par erreur à Alphonse Daudet et réimprimé, par la suite, dans *Le Chat Noir* du 26 mai 1883.

Jadis et Naguère. p. 105. Œ. C., I, p. 384.

L'AVENIR

Journal français publié à Londres.

1872

13 novembre. — *Des Morts.*

O cloître Saint-Merry funèbre ! sombres nues...

Réimprimé dans l'ouvrage de F. Régamey : *Verlaine dessinateur*. Paris, Floury, 1896 ; au cours de l'étude de G.-Jean Aubry : *P. Verlaine et l'Angleterre. Revue de Paris*, 15 octobre 1918 ; dans le *Supplément littéraire* du *Figaro*, 3 mars 1923 ; enfin, dans la *Correspondance*, t. II, p. 337.

PARIS-MODERNE

Léon Vanier, éditeur.

1882

25 juillet. — *Sonnets*. I. *Le Squelette*. A Albert Mérat.

Deux reîtres saouls, courant les champs, virent parmi

Jadis et Naguère, p. 21. Œ. C., I, p. 311.

II. A Albert Mérat.

Et nous voilà tirés de la bêtise humaine

Jadis et Naguère, p. 22. Œ. C., I, p. 312.

10 novembre. — *Sonnets*. III. *Pierrot*. A Léon Valade.

Ce n'est plus le rêveur lunaire du vieil air

Jadis et Naguère, p. 12. Œ. C., I, p. 302.

IV. A Léon Valade.

Douze longs ans ont lui depuis les jours si courts

Amour, p. 79. Œ. C., II, p. 53.

Ibid. — *Art poétique.*

De la musique avant toute chose

Jadis et Naguère, p. 23. Œ. C., I, p. 313.

1883

25 mars. — *Sonnets*. V. *Écrit sur l'Album de Madame N. de V[illars].*

Des yeux tout autour de la tête

Jadis et Naguère, p. 20. Œ. C., I, p. 310.

VI. A Ernest Delahaye.

Dieu, nous voulant amis parfaits, nous fit tous deux

Amour, p. 81. Œ. C., II, p. 54.

LE RÉVEIL

1880

9 décembre. — *Paris-Vivant. Chez l'Avoué.*

« L'avoué roux, en veston du lundi, tient audience comme un simple président... »

Mémoires d'un Veuf (sous le titre : *Formes*), p. 65, Œ. C., IV, p. 209.

31 décembre. — *Paris-Vivant. Auteuil.*

« Non point l'Auteuil classique, l'Auteuil rimant avec chèvrefeuille... »

Mémoires d'un Veuf, p. 53. Œ. C., IV, p. 203.

1883

13 janvier. — *Bons Bourgeois.*

« On tire les Rois chez les Beauhouillart... »

Mémoires d'un Veuf, p. 59. Œ. C., IV, p. 206.

2 février. — *Paris-Vivant. Pauvres.*

« Le boulevard Sébastopol bruit et poudroie dans le soleil... »

Mémoires d'un Veuf (sous le titre : *Nuit noire*), p. 31. Œ. C., IV, p. 191.

LA NOUVELLE RIVE GAUCHE

Directeur : Léo Trezenik.

1882

15 au 22 décembre. — *Lettre à M. Karl Mohr.* Non recueillie.

1883

26 janvier au 2 février. — *Kaléidoscope.* A Germain Nouveau.

Dans une rue, au cœur d'une ville de rêve

Jadis et Naguère, p. 13. Œ. C., I, p. 303.

Ibid. — *A Émile Blémont.*

La vindicte bourgeoise assassinait mon nom

Amour, p. 83. Œ. C., II, p. 55.

23 février au 2 mars. — *Sonnet à la louange de Laure et de Pétrarque.*

Chose italienne où Shakespeare a passé

Jadis et Naguère, p. 11. ŒE. C. (sous le titre : *Sonnets et autres vers*), I, p. 301.

23 au 30 mars. — *Amoureuse du Diable.*

Il parle italien avec un accent russe

Jadis et Naguère, p. 149. ŒE. C., I, p. 419.

LUTÈCE

(Anciennement : *La Nouvelle Rive Gauche.*)

Directeur : Léo Trézenik.

1883

20 au 27 avril. — *Les Mémoires d'un Veuf* (fragment). *Ma fille.*

« Elle a onze ans, le commencement de l'âge ingrat pour les filles... »

Les Mémoires d'un Veuf, p. 81. ŒE. C., IV, p. 216.

11 au 18 mai. — *Les Mémoires d'un Veuf. Le Cheval de retour.*

« Mon idée a toujours été d'habiter dans la noire campagne... »

Les Mémoires d'un Veuf, p. 19. ŒE. C., IV, p. 185.

22 au 29 juin. — *Un Crucifix.*

Au bout d'un bas côté de l'église gothique

Amour, p. 29. ŒE. C., II, p. 21.

13 au 20 juillet. — *Air à faire.*

Le petit coin, le petit nid

Amour, p. 137. ŒE. C., (sans titre) II, p. 94.

10 au 17 août. — *Nuit blanehc.*

« Deux ombres fort élégantes se sont rencontrées... »

Les Mémoires d'un Veuf, pp. 37 à 40. Œ. C., IV, p. 194.

24 au 31 août. — *Les Poètes Maudits. Tristan Corbière*, I.

« C'est Poètes Absolus qu'il fallait dire... »

Les Poètes Maudits (Vanier, 1884), pp. 5 à 8. Œ. C., IV, p. 7 (à l'exception des quatre paragraphes du début (Cf. p. 26, édition des *Poètes Maudits* de 1888).

31 août au 7 septembre. — *Les Poètes Maudits. Tristan Corbière (suite)*.

« Avant de passer au Corbière que nous préférons... »

Les Poètes Maudits, pp. 8-12. Œ. C., IV, pp. 9-12.

21 au 28 septembre. — *Les Poètes Maudits. Tristan Corbière (suite et fin)*.

« Quel breton bretonnant de la bonne manière... »

Les Poètes Maudits, pp. 12 à 16. Œ. C., IV, p. 12 à 15.

5 au 12 octobre. — *Les Poètes Maudits. Arthur Rimbaud.*

« Nous avons eu l'honneur de connaître M. Arthur Rimbaud... »

Les Poètes Maudits (Vanier, 1884), pp. 17 à 21, Œ. C., IV, pp. 16 à 19.

12 au 19 octobre. — *Les Poètes Maudits. Arthur Rimbaud (suite)*.

« Les Assis ont une petite histoire... »

Les Poètes Maudits, pp. 21 à 25. Œ. C., IV, pp. 19 à 23.

19 au 26 octobre. — *Les Poètes Maudits. Arthur Rimbaud (suite).*

« Nous ne connaissons pour notre part... »

Les Poètes Maudits, pp. 25-29. Œ. C., IV, pp. 23-26.

2 au 9 novembre. — *Les Poètes maudits. Arthur Rimbaud (suite).*

« Bien d'autres exemples... »

Les Poètes Maudits, pp. 29-37. Œ. C., IV, pp. 26-32.

10 au 17 novembre. — *Les Poètes Maudits. Arthur Rimbaud (suite et fin).*

« Le nom et l'œuvre de Corbière, ceux de Mallarmé... »

Les Poètes Maudits, pp. 37 à 41. Œ. C., IV, pp. 32-35.

17 au 24 novembre. — *Les Poètes Maudits. Stéphane Mallarmé.*

« Dans un livre qui ne paraîtra pas, nous écrivions naguère... »

Les Poètes Maudits, pp. 42-46. Œ. C., IV, pp. 36-39.

24 au 30 novembre. — *Les Poètes Maudits. Stéphane Mallarmé (suite).*

« Hein, la fleur de serre sans prix ! »

Les Poètes Maudits, pp. 46-51. Œ. C., IV, pp. 39-44.

1884

5 janvier. — *Les Poètes Maudits. Stéphane Mallarmé (suite et fin).*

« A vrai dire, cette idylle... »

Les Poètes Maudits, pp. 51-56. Œ. C., IV, pp. 44-48.

8 au 15 mars. — *Luxures.* A Léo Trézenik.

Chair ! ô seul fruit mordu des vergers d'ici-bas

Jadis et Naguère, p. 31. Œ. C., I, p. 320.

Ibid. — *Vendanges.* A Georges Roll.

Les choses qui chantent dans la tête

Jadis et Naguère, p. 32. Œ. C., I, p. 321.

29 mars au 5 avril. — *Les Poètes Maudits.*

En première page : les trois portraits de Tristan Corbière, Mallarmé et Rimbaud. En deuxième page : *Avertissement.*

« Les extraits que nous donnons ici... »

Les Poètes Maudits (sous le titre : *Avertissement à propos des portraits ci-joints*), pp. 1 à 4. Ne figure pas dans les Œ. C.

20 au 27 juillet. — *Café de lettres.*

« Dans une ville imaginée, figurez-vous un café pas du tout comme... »

Non recueilli.

7 au 14 septembre. — *L'Impénitence finale.*

La petite marquise Osine est toute belle

Jadis et Naguère, p. 134. Œ. C., I, p. 406.

21 au 28 décembre. — *Dernière fête galante.*

Pour une bonne fois séparons-nous

Parallèlement, p. 67. Œ. C., II, p. 168.

1885

18 au 25 janvier. — *Les Mémoires d'un Veuf. La Morte.*

« Au temps jadis hélas ! déjà — qu'on vieillit donc... »

Les Mémoires d'un Veuf, pp. 73 à 74, Œ. C., IV, p. 212.

25 janvier au 1er février. — *Jadis et Naguère*, I. *Pierrot*.

Ce n'est plus le rêveur lunaire du vieil air

Publié déjà dans *Paris-Moderne*, 10 nov. 1882. *Jadis et Naguère*, p. 12. Œ. C., I, p. 302.

Ibid. — II. *Intérieur.*

A grands plis sombres une ample tapisserie

Publié déjà dans *Le Hanneton*, 3 oct. 1867. *Jadis et Naguère*, p. 15. Œ. C., I, p. 305.

Ibid. — III. *Dizain mil huit cent trente.*

Je suis né romantique et j'eusse été fatal

Jadis et Naguère, p. 16. Œ. C., I, p. 306.

1er au 8 février. — *Les Mémoires d'un Veuf. A la mémoire de mon ami Lucien Viotti.*

« A cette même table de café... »

Les Mémoires d'un Veuf (sous le titre, *A la mémoire de mon ami****), p. 69. Œ. C., IV, p. 211.

10 au 17 mai. — *There.*

Angels, seul coin luisant dans ce Londres du soir

Amour, p. 25. Œ. C., II, p. 19.

24 au 31 mai. — *Lunes.*

I

Je veux, pour te tuer, ô temps qui me dévastes

II

A la manière de Paul Verlaine.

C'est à cause du clair de lune

Parallèlement, pp. 56 et 57. Œ. C., II, pp. 157-158.

7 au 14 juin. — *Les Poètes Maudits. Deuxième Partie. Marceline Desbordes-Valmore.* I.

« En dépit en effet d'articles, l'un très complet... »

(L'article n'a pas paru complet).

Les Poètes Maudits, p. 55. Œ. C., IV, pp. 49 à 67.

28 juin au 5 juillet. — *Les Mémoires d'un Veuf. Sales Blagues. Mon testament.*

« Je ne donne rien aux pauvres... »

Les Mémoires d'un Veuf, p. 99. Œ. C., IV, p. 221.

Ibid. — *Un Héros.*

« Dans une prison bon enfant... »

Les Mémoires d'un Veuf, p. 103. Œ. C., IV, p. 222.

19 au 23 juillet. — *Limbes.* I. *Explication.* A A. F.

Le bonheur de saigner sur le cœur d'un ami

Parallèlement (*Lunes*, III), p. 58. Œ. C., II, p. 160.

Limbes, II. *Autre Explication.* A S. M. et à A. R.

Amour qui ruisselais de flammes et de lait

Parallèlement (*Lunes*, IV), p. 60. Œ. C., II, p. 162.

Limbes, III. A P. V.

L'imagination, reine

Parallèlement (*Lunes*, V), p. 62. Œ. C., II, p. 164.

IV. *Lombes.* A Mesdames X et X.

Deux femmes des mieux m'ont apparu cette nuit

Parallèlement (*Lunes*, VI), p. 65. Œ. C., II, p. 166.

23 au 30 août. — *Les Mémoires d'un Veuf. Sales Blagues. Croquis. Panthéonades.*

« Eh quoi ! l'auteur exquis de si jolies choses... »

Les Mémoires d'un Veuf, p. 203. Œ. C., IV, p. 274.

4 au 11 octobre. — *Révérence parler.* I. *Prologue d'un livre dont il ne paraîtra que les extraits ci-après.*

Ce n'est pas de ces dieux foudroyés

Parallèlement, p. 39. Œ. C., II, p. 146.

II. — *Impression fausse.*

Dame Souris trotte

Parallèlement, p. 42. Œ. C., II, p. 148.

III. — *Autre.*

La cour se fleurit de souci

Parallèlement, p. 44. Œ. C., II, p. 150.

IV. — *Sur une gare.*

Entends les pompes qui font

Parallèlement (sous le titre : *Réversibilités*), p. 47. Œ. C., II, p. 152.

V. — *Tantalized.*

L'aile où je suis donnant juste sur une gare

Parallèlement, p. 49. Œ. C., II, p. 154.

VI. — *Invraisemblable mais vrai.*

Las ! je suis à l'index et dans les dédicaces

Parallèlement, p. 50. Œ. C., II, p. 155.

VII. — *A ma femme, en lui envoyant cette pensée.*

Au temps où vous m'aimiez (bien sûr)

Amour (sous le titre : *A Madame X...*), p. 41. Œ. C., II, p. 28.

VIII. — *Le dernier Dizain.*

O Belgique, qui m'as valu ce dur loisir

Parallèlement, p. 51. Œ. C., II, p. 156.

25 octobre au 1er novembre. — *Les Mémoires d'un Veuf.* « *L'Autre* » *un peu.*

« Décidément Napoléon Ier est l'homme qu'il faut... »

Les Mémoires d'un Veuf, pp. 155 à 159. Œ. C., IV, p. 243.

15 au 22 novembre. — *Les Mémoires d'un Veuf. Ultima ratio.*

« Un ange vint un jour en France »

Non recueilli.

22 au 29 novembre. — *Les Mémoires d'un Veuf. Lui toujours — et assez!*

« Maintenant que le bruit intrus s'est tu... »

Les Mémoires d'un Veuf, pp. 163 à 168. Œ. C., IV, p. 248.

13 au 20 décembre. — *Nouvelles Variations sur le Point du Jour.*

Le Point du jour, le point blanc de Paris

Parallèlement, p. 91. Œ. C., II, p. 191.

20 au 27 décembre. — *Ballade de la Mauvaise Réputation.*

Il eut des temps quelques argents

Parallèlement, p. 109. Œ. C., II, p. 202.

1886

3 au 10 janvier. — *Sonnets malsonnants*. I. *A propos d'un « Centenaire » de Calderon* (1600-1681). A J. M. de Hérédia.

Le poète terrible et divinement doux

Amour, p. 95. Œ. C., II, p. 61.

II. — *Buste pour mairies.*

Marianne est très vieille et court sur ses cent ans

Invectives, XXVIII, p. 64. Œ. C., III, p. 361.

III. — *Statue pour tombeau.*

La gueule parle « L'or et puis encore l'or »

Amour (sous le titre : *Sonnet héroïque*), p. 103. *Invectives* (sous le titre : *Statue pour tombeau*), XXIX, p. 66. Œ. C., III, p. 362.

IV. — *Thomas Diafoirus.*

C'est le seul Paul parmi tant de Jules, d'Albert

Invectives, XXX, p. 68. Œ. C., III, p. 363.

V. — *Nébuleuses.*

Papa Grévy, l'affreux Ferry persécuteur

Invectives, XXXI, p. 70. Œ. C., III, p. 364.

VI. — *A Victor Hugo, en lui envoyant Sagesse.*

Nul parmi vos flatteurs d'aujourd'hui n'a connu

Amour, p. 97. Œ. C., II, p. 63.

LE CHAT NOIR

Directeur : Rodolphe Salis.

1883

26 mai. — *Vers à la manière de plusieurs*. I. *La Princesse Bérénice.*

Sa tête fine dans sa main toute petite

Jadis et Naguère, p. 103. Œ. C., I, p. 381.

II. — *Langueur.*

Je suis l'Empire à la fin de la Décadence

Jadis et Naguère, p. 104. Œ. C., I, p. 383.

III. — *Pantoum négligé.*

Trois petits pâtés, ma chemise brûle

(Voir p. 90 : *La Renaissance littéraire et artistique* d'août 1872 ; publié déjà, sous la signature d'A. Daudet). *Jadis et Naguère*, p. 105. Œ. C., I, p. 384.

14 juillet. — *Vers à la manière de plusieurs*. IV. *Paysage.*

Vers Saint-Denis c'est sale et bête la campagne

Jadis et Naguère, p. 106. Œ. C., I, p. 385.

V. — *Conseil falot.*

Brûle aux yeux des femmes

Jadis et Naguère, p. 107. Œ. C., I, p. 386.

18 août. — VI. — *L'aube à l'envers.*

Le Point du Jour ou Paris au large

Jadis et Naguère, p. 112. Œ. C., I, p. 390.

VII. — *Un pouacre.*

Avec les yeux d'une tête de mort

Jadis et Naguère, p. 113. Œ. C., I, p. 391.

VIII. — *Madrigal.*

Tu m'as, ces pâles jours d'automne blanc, fait mal

Jadis et Naguère, p. 115. Œ. C., I, p. 393.

3 novembre. — *Gaspard Hauser (Pantomime-ballet).*

« Un tout jeune homme robuste... »

10 novembre. — *Gaspard Hauser (suite).*

« Ce qu'il convenait de craindre arrive... »

17 novembre. — *Gaspard Hauser (suite).*

« Ne voilà-t-il pas que ce milord libidineux... »

24 novembre. — *Gaspard Hauser (suite et fin).*

« Ce crime ineffable une fois bien accompli... »

Les Mémoires d'un Veuf, pp. 143 à 153. ŒE. C., IV (sous le titre de : *Scénario pour ballet*), pp. 281 à 289.

1885

28 novembre. — *Crimen amoris.*

Dans un palais soie et or, dans Ecbatane

Jadis et Naguère, p. 121. ŒE. C., I, p. 395.

1889

2 janvier. — *Gosses.*

« L'air, avec ses pers yeux bien parisiens, eux... »

Reproduit dans *L'Intransigeant*, du 27 déc. 1924. (*Rachilde par Verlaine.*) Non recueilli.

19 janvier. — *Gosses (suite).*

« La quintessence d'un gavroche qui serait... »

ŒE. P., I, p. 274 et suiv.

2 février. — *Le bon larron. A Willette.*

« Oui très beau, votre « Mauvais Larron ». Touchante... »

ŒE. P., I, p. 314.

10 août. — *Quelques amis. I. A Henry d'Argis.*

Erudit, graphologue et presque nécromant

Dédicaces, p. 11. ŒE. C., III, p. 102.

II. — *A F. A. Cazals.*

Adonis expirant sur des fleurs n'est pas lui

Dédicaces, p. 23. ŒE. C., III, p. 99.

17 août. — *Quelques amis (suite).* III. *A Irénée Decroix.*

Où sont les nuits de grands chemins aux chants bachiques

Dédicaces, p. 29. ŒE. C., III, p. 107.

24 août. — *Quelques amis (suite).* IV. *A Germain Nouveau.*

Ce fut à Londres, ville où l'Anglaise domine

Dédicaces, p. 55. ŒE. C., III, p. 100.

V. — *A Arthur Rimbaud.*

Mortel, ange ET démon, autant dire Rimbaud

Dédicaces (Vanier, 1894), p. 137. ŒE. C., III, p. 155.

31 août. — *Quelques amis (suite).* VI. *A Gabriel Vicaire.*

Vous êtes un mystique et j'en suis un aussi

Dédicaces, p. 81. ŒE. C., III, p. 119.

(Le manuscrit, qui appartient à Jean Vicaire porte : *Hôpital Broussais*, 18 juillet 1889. P. Verlaine.)

7 septembre. — *A Villiers de l'Isle-Adam.*

Tu nous fuis, comme fuit le soleil dans la mer

Dédicaces, p. 83. ŒE. C., III, p. 96.

14 septembre. — *A Raoul Ponchon...*

Vous aviez des cheveux terriblement

Dédicaces, p. 57. ŒE. C., III, p. 98.

12 octobre. — *A Laurent Tailhade.*

Le prêtre et sa chasuble énorme d'or jusques aux pieds

Dédicaces, p. 69. ŒE. C., III, p. 95.

19 octobre. — *A Jean Moréas.*

C'est le beau Jean Moréas

Dédicaces, p. 51. ŒE. C., III, p. 94.

9 novembre. — *A Maurice Bouchor.*

Il s'appelle Maurice, ainsi que ce soldat

Dédicaces, p. 21. ŒE. C., III, p. 101.

30 novembre. — *A Louis et Jean Jullien.*

Savantissimo Doctori

Dédicaces, p. 41. ŒE. C., III, p. 112.

7 décembre. — *A François Coppée.*

Les passages Choiseul aux odeurs de jadis

Dédicaces, p. 27. ŒE. C., III, p. 91.

14 décembre. — *A Stéphane Mallarmé.*

Des jeunes, c'est imprudent

Dédicaces, p. 47. ŒE. C., III, p. 93.

21 décembre. — *A Rodolphe Salis (Noël).*

La neige à travers la brume

Bonheur, p. 67. ŒE. C., II, p. 263 (sans titre).

1890

4 janvier. — *A Charles de Sivry.*

Artiste, toi, jusqu'au fantastique

Dédicaces, p. 67, ŒE. C , III, p. 117.

25 janvier. — *Chronique de l'Hôpital I.*

« Quinzaine et semaine où les poètes auront fait parler d eux... »

Mes Hôpitaux, p. 31. ŒE. C., IV, p. 329.

24 mai. — *A Rodolphe Darzens.*

Jeune homme élancé

Dédicaces (Vanier, 1894), p. 157. ŒE. C., III, p. 165.

14 juin. — *Extrêmes Onctions.*

« L'hiver dernier, un jeune homme du plus grand monde... »

ŒE. P. I, p. 377. (*Histoires comme ça.*)

5 juillet. — *Chronique de l'Hôpital.*

« Décidément, tout de même, il noircit, l'hôpital... »

Mes Hôpitaux, p. 37. ŒE. C., IV, p. 333.

26 juillet. — *Chronique de l'Hôpital.*

« Dire que c'est depuis novembre 86... »

Mes Hôpitaux, p. 66. ŒE. C., IV, p. 357.

2 août. — *A Madame Marie Pingault.*

O jeune chevelure blanche

Dédicaces (Vanier, 1894), p. 181. ŒE. C., III, p. 177.

16 août. — *A Rodolphe Salis.*

Cabaretier miraculeux

Dédicaces, p. 167. Œ. C., III, p. 170.

23 août. — *L'Ami de la Nature.*

J'crache pas sur Paris, c'est rien chouett' !

Œ. P., I, p. 11.

27 septembre. — *Chronique de l'Hôpital.*

« Zut alors ! Ne sortirai-je donc de Charybde que pour... »

Mes Hôpitaux, p. 41. Œ. C., IV, p. 336.

18 octobre. — *A Henri Bossanne.*

Bon imprimeur de la première édition de *Dédicaces.*

Dédicaces, p. 159. Œ. C., III, p. 166.

8 novembre. — *Chronique de l'Hôpital.*

« Un de mes anciens professeurs de Bonaparte... »

Mes Hôpitaux, p. 59. Œ. C., IV, p. 351-357.

15 novembre. — *A Léon Vanier, homme de bien.*

Vous voulez tuer le veau gras

Dédicaces, p. 123. Œ. C., III, p. 146.

29 novembre. — *A Jean Richepin.*

Richepin
N'est pas le nom d'un turlupin

Dédicaces, p. 135. Œ. C., III, p. 154.

13 décembre. — *A Mademoiselle A. Rom.*

Ce nom Sedan ! me dit de vacances d'enfance

Dédicaces, p. 163. Œ. C., III, p. 168.

20 décembre. — *A Raymond Maygrier.*

Comme la langouste d'Hervé

Dédicaces, p. 151. ŒE. C., III, p. 162.

1891

3 janvier. — *A A. du Vigneau. Trop fougueux adversaire de l'orthographe phonétique*

E coi vréman, bon du Vigné

Dédicaces, p. 165. ŒE. C., III, p. 169.

17 janvier. — *A Max Rosa.*

Rosa n'est pas « rosa » la rose

Dédicaces, p. 161. ŒE. C., III, p. 167.

7 février. — *A Monsieur le Docteur Chauffart.*

Le poète n'est parbleu pas ce que l'on croit

Dédicaces, p. 177. ŒE., C., III, p. 175.

14 mars. — *Chansons pour Elle.* I.

Tu n'es pas du tout vertueuse

Chansons pour Elle, p. 1, ŒE. C., II, p. 303.

20 mars. — *Chronique de l Hôpital.*

« Le lit que j'occupe cette fois à l'hôpital Labrousse... »

Mes Hôpitaux, p. 45. ŒE. C., IV, pp. 340-343.

28 mars. — *Chansons pour Elle.* II.

Compagne savoureuse et bonne

Chansons pour Elle, p. 3. ŒE. C., II, p. 305.

11 avril. — *Chansons pour Elle.* III.

Voulant te fuir (fuir ses amours)

Chansons pour Elle, p. 6, ŒE. C., II, p. 308.

16 mai. — *Là-Bas, par J. K. Huysmans.*

« L'extrêmement amusant livre de J. K Huysmans qui fait... »

Reproduit dans : *Paris-Soir*, du 29 mars 1924. (Les Académisards.)

Non recueilli.

27 juin. — *Mes Souvenirs sur la Commune.* I.

« Ah ! ce 18 mars ! ce jour-là nous... »

Œ. P., II, p. 165 (sous le titre : *Mon 18 mars 1871*).

22 août. — *Chronique de l'Hôpital (et dernière).*

« Car c'est la dernière de cette série... »

Mes Hôpitaux, p. 72. Œ. C., IV, p. 361.

12 décembre. — *Mes Prisons (La première).*

« Rue Chaptal. Presque au coin de la rue Blanche... »

Mes Prisons, p. 1. Œ. C., IV, p. 367.

1892

2 janvier. — *Mes Prisons.*

« Or ceci se passait... en 1870 »

Mes Prisons, p. 6, Œ. C., IV, p. 371.

16 janvier. — *A la seule.*

Tu n'es guère qu'une coquine

Invectives, p. 137. Œ. C., III, p. 421.

23 janvier. — *Mes Prisons. Une... manquée.*

« Le regretté Arthur Rimbaud et moi, férus... »

Mes Prisons, p. 13. Œ. C., IV, p. 377.

30 janvier. — *Contre une fausse amie.*

Les bons sentiments

Invectives, p. 131. ŒE. C., (Les beaux sentiments.) III, p. 416.

6 février. — *Mes Prisons.* (*La Troisième.*)

« Courte, mais bonne... »

Mes Prisons, p. 19. ŒE. C., IV, p. 382.

20 février. — *En 17...*

Le parc rit de rayons tamisés

ŒE. P., I, p. 17.

5 mars. — *Mes Prisons. Prime Prévention.*

« Quelque chose comme, paraît-il, le Dépôt de Paris... »

Mes Prisons, p. 24. ŒE. C., IV, pp. 386-390.

9 avril. — *Ode en son Honneur.*

Tu fus une grande amoureuse

Odes en son Honneur, p. 1. ŒE. C., II, p. 399.

16 avril. — *Mes Prisons. Prime Prévention* (*suite*).

« Ma mémoire qui est déplorable et le scandaleux... »

Mes Prisons, p. 28. ŒE. C., IV, pp. 390-393.

23 avril. — *Vers.*

Quand je cause avec toi paisiblement

Odes en son Honneur, p. 13. ŒE. C., II, p. 407.

LA LIBRE REVUE

1884

1er au 15 janvier. — *La Grâce.*

Un cachot. Une femme à genoux, en prière

Jadis et Naguère, p. 127. Œ. C., I, p. 400.

1er au 15 mai. — *Crimen Amoris.*

Dans un palais soie et or, dans Ecbatane

Réimprimé dans *Le Chat Noir*, 28 nov. 1885. Voir p. 103.

Jadis et Naguère, p. 121. Œ. C., I, p. 395.

LA REVUE CRITIQUE

Rédacteur en chef : Émile Max.

1884

13 janvier. — *Saint Benoît-Joseph Labre.*

Comme l'Eglise est bonne en ce siècle de haine

Amour, p. 99. Œ. C., II, p. 65.

Ibid. — *Paraboles.*

Soyez béni, Seigneur, qui m'avez fait chrétien

Amour, p. 101. Œ. C., II, p. 66.

27 janvier. — [*O l'odieuse obscurité.*]

O l'odieuse obscurité

Amour (Lucien Létinois, VIII), p. 126. Œ. C., II, p. 86.

3 février. — *Allégorie.*

Despotique, pesant, incolore, l'Eté

Publié déjà dans *Le Hanneton*, 5 mars 1868.

Jadis et Naguère, p. 27. Œ. C., I, p. 316.

Ibid. — *Pierrot.*

Ce n'est plus le rêveur lunaire du vieil air

Publié déjà dans *Paris Moderne*, 10 nov. 1882 et *Lutèce*, 25 janv. 1885.

Jadis et Naguère, p. 12. Œ. C., I, p. 302.

10 février. — *Circonspection.*

Donne ta main, retiens ton souffle, asseyons-nous

Publié déjà dans *Le Hanneton*, 25 juill. 1867.

Jadis et Naguère, p. 29. Œ. C., I, p. 318.

24 février. — *Images d'un sou.*

De toutes les douleurs douces

Jadis et Naguère, p. 33. Œ. C., I, p. 322.

11 mars. — *Puero debetur reverentia.*

Moi si j'avais vingt fils, ils auraient vingt chevaux

Invectives, p. 79. Œ. C., III, p. 371.

23 mars. — *Vers pour être calomnié.*

Ce soir je m'étais penché sur ton sommeil

Jadis et Naguère, p. 30. Œ. C., I, p. 319.

LA REVUE INDÉPENDANTE

(Direction de G. Chevrier et par la suite de Ed. Dujardin).

1884

On sait que la collaboration de Verlaine à *La Revue Indépendante* débuta par la réimpression des six poèmes des *Amies*, publiés par Poulet-Malassis en 1867. Ces six pièces figurent dans le fascicule d'octobre 1884. Réimprimées dans *Parallèlement* en 1889, on les trouve également dans les Œ. C., II, pp. 128 à 133.

Novembre. — *Notes de nuit jetées en chemin de fer.*

« C'est décidément bête comme tout, ce mode de voyager... »

Non recueilli.

Décembre. — *A propos de M. Catulle Mendès. Sur le Parnasse Contemporain. (Fragment ancien.)*

« Dans les temps reculés, en 1865, car ma mémoire est bonne... »

Les Mémoires d'un Veuf, (sous le titre : *Du Parnasse Contemporain*), p. 170. Œ. C., IV, p. 253.

1885

Janvier. — *Une pendule.*

« Dans la chambre quelconque d'hôtel où le Sage... »

Non recueilli.

Avril. — *Mon hameau.*

« Rien n'est plus beau. Il y a de l'eau courante... »

Les Mémoires d'un Veuf (sous le titre : *Palinodie*, ou *Mon hameau*, p. 27. Œ. C., IV, p. 189.

1887

Mars. — *Pour un mort.*

I

Il patinait merveilleusement

Amour (Lucien Létinois, IX), p. 131. Œ. C., II, p. 89.

II

Je te vois encore à cheval

Amour (Lucien Létinois, XI), p. 135. Œ. C., II, p. 92.

III

Tout en suivant ton blanc convoi, je me disais

Amour (Lucien Létinois, VIII), p. 129. Œ. C., II, p. 88.

Octobre. — *Angélus de midi.*

Je suis dur comme un juif et têtu comme lui

Amour, p. 75 Œ. C., II, p. 50.

1888

Mars. — *Conte de fées.*

« Le plus grand bonheur de sa vie lui échut... »

Réimprimé dans *La Vie Populaire*, 8 mai 1891. Œ. P., I, pp. 359 à 368.

Juillet. — *Bonheur* (*fragments*).

I

L'incroyable, l'unique horreur de pardonner

Bonheur, p. 1. Œ. C., II, p. 211.

II

Après la chose faite, après le coup porté

Bonheur, p. 6. Œ. C., II, p. 214.

Décembre. — *Charles Husson.*

« C'était vraiment un garçon fait et bâti pour l'amour... »

Œ. P., I (sous le titre de : *Rampo*), pp. 392 à 401.

1889

Janvier-février. — *Bonheur*.

I

Puis déjà très anciens

Bonheur (VI), p. 13. Œ. C., II, p. 220.

II

Aussi cette ignorance de vous

Bonheur (IV), p. 9. Œ. C., II, [De plus, cette ignorance...] p. 216.

III

La Cathédrale est majestueuse

Bonheur (XXXII), p. 115. Œ. C., II, p. 296.

LE ZIG-ZAG

1885

14 juin. — *Écrit en 1875.*

J'ai naguère habité le meilleur des châteaux

(Cité au cours d'une lettre de Verlaine à Blémont, du 27 octobre 1875. Voir : *Correspondance*, II, p. 8.)

Amour, p. 9. Œ. C., II, p. 8.

LA REVUE CONTEMPORAINE

Directeur : Adrien Remacle.

1885

25 octobre. — *Amor*.

J'ai la fureur d'aimer. Mon cœur si faible est fou

Amour (Lucien Létinois, IV), p. 119. Œ. C., (sans titre), II, p. 80.

Ibid. — *Sur la Route.*

La Belle au Bois dormait. Cendrillon sommeillait.

Amour (Lucien Létinois, X), p. 133. Œ. C., II (sans titre), p. 90.

LES HOMMES D'AUJOURD'HUI

1886-1892

Vingt-sept biographies, publiées périodiquement, mais sans date et en fascicules de quatre pages. Paris, Léon Vanier.

La réunion des notices rédigées par Verlaine comporte les fascicules suivants : n° 241, Leconte de Lisle; n° 243, François Coppée; n° 244, Paul Verlaine[1], n° 258, Villiers de l'Isle-Adam; n° 265, Armand Silvestre; n° 274, Edmond de Goncourt; n° 280, Jean Richepin; n° 282, Barbey d'Aurevilly; n° 284, Sully-Prudhomme; n° 287, Léon Dierx; n° 296, Stéphane Mallarmé; n° 303, Maurice Rollinat; n° 318, Arthur Rimbaud; n° 320, Léon Vanier; n° 332, Anatole Baju; n° 335, Charles Cros; n° 338, René Ghil; n° 346, Anatole France; n° 385, Louis-Xavier de Ricard; n° 396, Albert Mérat; n° 398, André Lemoyne; n 399, Georges Lafenestre; n° 400, Raoul Ponchon; n° 401, Gabriel Vicaire; n° 405, José-Maria de Hérédia; n° 406, André Theuriet; n° 424, Francis Poictevin.

Chaque fascicule est orné d'un portrait colorié, dû à divers artistes, parmi lesquels il faut citer : Coll-Toc, Emile Cohl, Luque, F. A. Cazals, etc.

1. On sait qu'il existe deux éditions de cette notice autobiographique, la dernière ayant été complétée par Verlaine en octobre 1894.

LA REVUE WAGNÉRIENNE

1886

8 janvier. — *Parsifal.*

Parsifal a vaincu les Filles, — leur gentil

(Réimprimé dans *Les Chroniques* du 1er mai 1887.) *Amour*, p. 63. ŒE. C., II, p. 42.

8 juillet — *La Mort de S. M. le Roi Louis II de Bavière.*

Roi, le seul vrai Roi de ce siècle, salut, Sire

Amour, p. 61. ŒE. C., (*A Louis II, de Bavière*), II, p. 41.

LA VOGUE

Rédacteur en chef : Léo d'Orfer.

1886

11 avril. — *Écrit en 1875.*

J'ai naguère habité le meilleur des châteaux

Publié déjà dans *Le Zig-Zag*, 14 juin 1885. *Amour*, p. 9. ŒE. C., II, p. 8.

18 avril. — *Les Poètes Maudits. Marceline Desbordes-Valmore.*

« En dépit en effet d'articles, l'un des très complets de Sainte-Beuve... »

Les Poètes Maudits (Vanier, 1888), pp. 55 à 60. ŒE. C., IV, pp. 49-54.

25 avril. — *Les Poètes Maudits. Marceline Desbordes-Valmore (suite).*

« Et avant de passer à l'examen de sublimités plus sévères... »

Les Poètes Maudits (Vanier, 1888), pp. 55 à 76. Œ. C., IV, pp. 49-67.

7 au 14 juin. — *Les Poètes Maudits* (*Nouvelle Série*), *Pauvre Lelian.*

« Ce maudit-ci aura bien eu la destinée la plus mélancolique... »

Les Poètes Maudits (Vanier, 1888), pp. 93 à 102. Œ. C., IV, p. 81.

16 au 23 août. — *Amour.* I. *Parallèlement à un mort.*

Ce portrait qui n'est pas ressemblant

Amour (Lucien Létinois, XVI), p. 147. Œ. C., (sans titre), II, p. 102.

II. [*Poème sans titre.*]

C'est une laide de Boucher

Parallèlement (*Filles*, I), p. 21. Œ. C., II (*A la Princesse Roukine*), p. 134.

15 octobre au 8 novembre. — *Nuit Noire.*

« Le boulevard Sébastopol bruit et poudroie dans le soleil... »

Publié déjà dans *Le Réveil*, 2 février 1883.

Les Mémoires d'un Veuf, pp. 31 à 34. Œ. C., IV, p. 191.

Ibid. — *Nuit blanche.*

« Deux ombres fort élégantes se sont rencontrées... »

Publié déjà dans *Lutèce*, 10 août 1883.

Les Mémoires d'un Veuf, pp. 37 à 40. Œ. C., IV, p. 194.

29 novembre au 6 décembre. — *A un mort.*

L'affreux Ivry dévorateur

Amour (Lucien Létinois, XXI), p. 158. Œ. C., II, p. 111.

Ibid — *Séguedille.*

Brune encor non eue

Parallèlement (*Filles,* II), p. 24. Œ. C., II, p. 136.

LE DÉCADENT

Directeur : Anatole Baju.

1886

(31 juillet.) [*La Mort de Louis II de Bavière*].

Roi, le seul vrai roi de ce siècle, salut Sire

Publié déjà dans *La Revue Wagnérienne,* 8 juillet 1886.

Amour (A Louis II de Bavière), p. 61. Œ. C., II, p. 41.

14 août. — *A un mort.*

Ame, te souvient-il, au fond du paradis

Amour (Lucien Létinois, XVII), p. 150. Œ. C., II, (sans titre), p. 104.

14 septembre. — *Pierrot Gamin.*

Ce n'est pas Pierrot en herbe

Parallèlement, p. 93. Œ. C., II, p. 193.

18 septembre. — *Ballade Sappho.*

Ma douce main de maîtresse et d'amant

Parallèlement, p. 113. Œ. C., II, p. 206.

25 septembre. — *Louise Leclercq. La fugue.*

« Elle avait quitté ses parents sans un mot d'adieu... »

Louise Leclercq (sans titre), p. 33. Œ. C., IV, p. 115.

2 octobre. — *Madame Aubin.*

MADAME AUBIN : J'ai envie de m'en arrêter là de notre aventure...

Louise Leclercq, p. 103. ŒE. C., IV, p. 162.

9 octobre. — *Le Poteau.*

« Des affaires m'appelaient dans un petit village... »

Voir : *Le Hanneton*, 26 sept. 1867 : « Edgar Poë me disait... » Réimprimé dans *La Vie Populaire* du 20 octobre 1887.

Louise Leclercq, p. 90. ŒE. C., IV, p. 154.

16 octobre. — *Prière du matin.*

O Seigneur, exaucez et dictez ma prière

Amour, p. 1. ŒE. C. II, p. 3.

6 novembre. — *Auteuil.*

« Non point l'Auteuil classique... »

Publiè déjà dans *Le Réveil*, 31 déc. 1882.

Les Mémoires d'un Veuf, p. 53. ŒE. C., IV, p. 203.

13 novembre. — [*Je vois un groupe sur la mer.*]

Je vois un groupe sur la mer

Amour (sous le titre : *Un veuf parle*), p. 45. ŒE. C., II, p. 30.

Ibid. — *Mon Testament.*

« Je ne donne rien aux pauvres... »

Publié déjà daus *Lutèce*, 28 juin 1885.

Les Mémoires d'un Veuf, p. 99. ŒE. C., IV, p. 221.

20 novembre. — *Un de mes rêves.*

« J'entreprends de décrire aussi minutieusement que possible... »

Les Mémoires d'un Veuf (sous le titre : *Quelques-uns de mes rêves*), p. 7. ŒE. C., IV, p. 177.

27 novembre. — *Par la croisée.*

« La fenêtre de mon ami ne donnait point... »

Publié déjà dans *La Parodie*, 9 janv. 1870.

Les Mémoires d'un Veuf, p. 49. Œ. C., IV, p. 201.

4 décembre. — *Ballade à Louise Michel.*

Madame et Pauline Roland

Amour, p. 59 Œ. C., II, p. 39.

1887

Décembre. — *Ballade pour les Décadents.*

Quelques-uns dans tout ce Paris

Reproduit dans *Le Semeur*, premier trimestre 1888, page 125.

Dédicaces (sous le titre : *Ballade en faveur des dénommés Décadents et Symbolistes*), p. 15. Œ. C., III, p. 204.

1888

1-15 janvier. — *Lettre au Décadent, et nommément à Anatole Baju.*

Œ. P., II, p. 289.

15-31 janvier. — *Ballade touchant un point d'histoire.*

Assez qu'on — sinon plus qu'assez —

Dédicaces, p. 7. Œ. C., III, p. 85.

15-29 février. — *A Maurice du Plessys.*

Je vous prends à témoin entre tous mes amis

Amour, p. 93. Œ. C., II, p. 60.

1-15 mars. — *Un mot sur la rime.*

« Hier, en relisant mon exemplaire... »

Œ. P., II, pp. 281 à 285.

15-31 mars. — *Un mot sur la rime (suite et fin).*

« L'assonance est, pour parler selon la rigueur... »

Œ. P., II, pp. 285 à 288.

15-30 avril. — *Nos poètes, par Jules Tellier.*

« Un livre enfin de critique compétente... »

Œ. P., II, p. 292.

1-15 mai. — *Histoires insolites, par M. le Comte de Villiers de l'Isle-Adam.*

« C'est certes le livre le plus charmant de Villiers... »

Œ. P., II, p. 349.

1-15 juillet. — *Sonnet.*

Sainte Thérèse veut que la Pauvreté soit

Sagesse (Vanier, 1889), p. 125. Œ. C., I, p. 291.

LE SCAPIN

Directeur : Léo d'Orfer.

1886

1er septembre. — *Agnus Dei (fragment d'une Tentation de Saint-Antoine, féerie).*

L'agneau cherche l'aride bruyère

Liturgies Intimes. Ed. de 1892, (sans titre, page 27) et de 1893, p. 36. Œ. C., II, p. 379.

LA DÉCADENCE

Directeur : E. G. Raymond.
Secrétaire de la rédaction : René Ghil.

1886

1er octobre. — *L'Allée.*

Fardée et peinte comme au temps des bergeries

Nous n'indiquons ici cette pièce que pour mémoire; on sait qu'elle a déjà paru précédemment dans *Les Fêtes Galantes*, p. 7. *La Décadence* est un des périodiques les plus rares du Symbolisme.

Voyez : Œ. C., I, p. 86.

LE SYMBOLISTE

Directeur : Gustave Kahn.

1886

15 au 22 octobre. — *Bouquet à Marie.*

Simplement, comme on verse un parfum sur une flamme

Amour (sous le titre : *Un conte*), p. 13. Œ. C., II, p. 12.

LES CHRONIQUES

Secrétaire-gérant : Gabriel d'Azémar.

1887

1er juin. — *Sur un enfant.*

Mon fils est mort. J'adore, ô mon Dieu, votre loi

Amour (Lucien Létinois, I), p. 113. Œ. C., II, p. 73.

1er août. — *A Emmanuel Chabrier.*

Chabrier, nous faisions, un ami cher et moi

Amour, p. 87. ŒE. C., II. p. 57.

Ibid. — *Pensée du soir.*

Couché dans l'herbe pâle et froide de l'exil

Amour, p. 107. ŒE. C., II, p. 68.

LA VIE POPULAIRE

1887

7 août. — *Motif de pantomime* (Illust. de Lud. Mouchot). *Pierrot gamin.* I.

« Pierrot est né dans un quartier populaire de Paris... »

Les Mémoires d'un Veuf, pp. 207 à 215, ŒE. C., IV, pp. 290-296.

20 octobre. — *Le Poteau* (Illust. de Mesplès).

« Edgard Poë me disait un jour... »

Publié déjà dans *Le Hanneton*, 26 sept. 1867 et *Le Décadent*, 9 oct. 1886.

Louise Leclercq. p. 89. ŒE. C., IV, p. 154.

1889

17 novembre. — *Les Estampes.*

« Quel plaisir, par une après-midi un peu grise... »

Publié déjà dans *La Parodie*, 1870.

Les Mémoires d'un Veuf, p. 115. ŒE. C., IV, p. 229.

1890

6 juillet. — *La Main du Major Müller.*

« Ah ! ce Hans avec ses théories !... »

ŒE. P., I, pp. 345 à 358.

LA PETITE REVUE DE LITTÉRATURE ET D'ART

1888

Janvier. — *Ballade (A propos de deux ormeaux qu'il avait).*

Mon jardin fut doux et léger

Amour, p. 33. Œ. C., II, p. 23.

LA CRAVACHE

Rédacteur en chef : Georges Lecomte.

1888

19 mai. — *Ballade de la Mauvaise Réputation.*

Il eut des temps quelques argents

Publié déjà dans *Lutèce*, 20 déc. 1885.
Parallèlement, p. 109. Œ. C., II, p. 202.

4 août. — *L'Impudent.*

La Misère et le mauvais œil

Parallèlement, p. 71. Œ. C., II, p. 171.

29 septembre. — *Lœti et errabundi.*

Les courses furent intrépides

Parallèlement, p. 101. Œ. C., II, p. 197.

13 octobre. — *Lettre à F. A. Cazals.*
Non recueillie.

3 novembre. — *Lettre à M. Christophe.*
Recueillie dans les notes placées à la fin du *Reliquaire* d'A. Rimbaud (Édition Genonceaux, 1891) et réimprimée, au cours d'une polémique de presse, dans *L'Éclair* en novembre 1923.

10 novembre. — *Mains.*

Ce ne sont pas des mains d'altesse

Parallèlement, p. 85. Œ. C., II, p. 186.

22 décembre. — *Vers.*

Rustique beauté

Parallèlement (sous le titre : *A Mademoiselle...*), p. 32. Œ. C., II, p. 142.

1889

5 janvier. — *Les Amis : A Jules Tellier.*

Quand je vous vois de face et penché sur un livre

Dédicaces, p. 73. Œ. C., III, p. 89.

2 février. — *Parallèlement.*

Ces passions qu'eux seuls nomment encore amours

Parallèlement (sous le titre : *Ces Passions*), p. 97. Œ. C., II, p. 195.

9 février. — *Les Amis : A F.-A. Cazals.*

Adonis expirant sur des fleurs n'est pas lui

Publié déjà dans *Le Chat Noir*, 2 fév. 1889. *Dédicaces*, p. 23. Œ. C., III, p. 99.

23 février. — *A Jean Moréas.*

C'est le beau Jean Moréas

Publié déjà dans *Le Chat Noir*, 19 oct. 1889. *Dédicaces*, p. 51. Œ. C., III, p. 94.

Ibid. — *A Paterne Berrichon.*

Tous deux avons ce travers

Dédicaces, p. 13. Œ. C., III, p. 109.

9 mars. — *Echo « Au Décadent »*.
Non recueilli.

23 mars. — *Lettre à M. Georges Lecomte*, datée du 17 mars 1889.
Non recueillie.

27 avril. — *Histoires comme ça. Gosses. A mon amie Jeanne T...*

« Elle est toute petite, toute blonde... »

Œ. P., I [sous le titre : *Jeanne Tresportz*], pp. 177 à 179.

22 juin. — *Lettre à M. Georges Lecomte.*
Non recueillie.

LE FIGARO

(*Supplément littéraire.*)

1888

21 juillet. — *Pauvreté.*

Bon pauvre, ton vêtement est léger

Bonheur (sous ce chiffre : *N° IX*, et sans titre), p. 20. Œ. C., II, p. 227.

1889

7 septembre. — *La Main du Major Müller.*

« Ah ! ce Hans avec ses théories !... »

Publié déjà dans *La Vie Populaire*, 6 juillet 1890.
Œ. P., I, pp. 345 à 358.

1893

6 mai. — *Onze jours en Belgique.*

« Maintenant que tout est ou semble être fini... »

Œ. P., I, pp. 171 à 176.

12 août. — *Ex imo.*

O Jésus, vous m'avez puni moralement

Œ. P., I, p. 29.

9 septembre. — *A ma femme.* (*Vers inédits.*)

« Grande Amie, aujourd'hui l'épouse de mon cœur »

Reproduit dans le Supplément littéraire du *Figaro* du 5 janvier 1924.

Non recueilli.

30 septembre. — *L'Obsesseur.*

« Je ne sais ma foi pas trop pourquoi ma mémoire... »

ŒE. P., I, pp. 252 à 257.

1894

20 janvier. — *Un tour à Londres.*

« Je suis gourmand et j'avouerai que ma principale surprise... »

ŒE. P., II, p. 131.

1895

1er juin. — *Épilogue* (*Adieux à la Littérature personnelle*).

Ainsi donc, adieu, cher moi-même

ŒE. P., I, p. 117.

1922

9 avril. — *Lettre inédite de Verlaine à l'une de ses « chères amies ».*

Cette lettre porte l'indication suivante : *Bruxelles, mercredi, 8 h. du matin.* Une lettre semblable a été publiée par Charles Donos dans : *Verlaine intime*, p. 222.

Correspondance, II, p. 291. Voir aussi : Supplément littéraire du *Figaro*, 10 décembre 1922.

7 mai. — *Verlaine par lui-même. Lettre inédite* du dimanche 23 octobre 1887.

Non recueillie.

5 novembre. — *Lettre inédite à Ernest Delahaye*, publiée par M. Maurice Monda.

Non recueillie.

1923

7 janvier. — *Verlaine en Angleterre. Fragment d'un manuscrit perdu :*

« J'ai beaucoup insisté sur mon séjour en Lincolnshire, etc... »

Ce fragment, publié par Ad. van Bever, n'est autre qu'un premier état appartenant au début d'un récit autobiographique de P. Verlaine, traduit en anglais et publié dans *The Fortnightly Review* (*1894*) sous ce titre : *Notes on England myself as a French Master.*

Ibid. — *Cinq lettres à Anatole Baju*, publiées par M. Armand Lods et datées comme suit : Vendredi matin (1887), vendredi 25 novembre 1887, 1887, 18 janvier 1888, dimanche 8 heures du matin.

3 mars. — *Écrit en marge de « Wilhelm Meister »*.

En dépit des clichés et des poètes blonds

Manuscrit appartenant à M. Alfred Saffrey. Non recueilli.

Ibid. — *Six lettres à Léon Deschamps, directeur de « La Plume »*, publiées par M. Armand Lods et datées respectivement des 11 février 1892, 23 août 1892, 3 janvier 1895, 8 janvier 1895, 14 janvier 1895, 16 janvier 1895.

Non recueillies.

12 mai. — *Arthur Rimbaud*, étude inédite, publiée par M. Ad. van Bever.

« Arthur Rimbaud naquit à Charleville, département des Ardennes... »

Non recueilli.

17 novembre. — *Autour d'un sonnet de Rimbaud.* Lettre inédite datée de Coulommes, 17 novembre 1883, publiée par M. Armand Lods. Le manuscrit appartient à M. Louis Barthou. Non recueillie.

1924

29 mars. — *Séjour en Angleterre :*

« En 1872, je m'embarquai d'Ostende pour Douvres, etc. »

Fragment publié par M. A. Lods, appartenant au début d'un récit autobiographique déjà signalé plus haut p. 129, et dont on ne connaissait jusqu'ici que la traduction en anglais publiée dans *The Fortnightly Review* (1894) sous ce titre : *Notes on England myself as a French Master.*

LE FIGARO

1893

7 avril. — *Charles Cros.*

« L'extraordinaire printemps qui nous cuit... »

Non recueilli.

26 juillet. — *De profundis.*

Fragment de lettre de Paul Verlaine relatif à l'état maladif du poète. Non recueillie.

1894

8 août. — *A propos de Desbordes-Valmore.*

« A l'occasion de la mort de Leconte de Lisle, le poète impersonnel... »

Non recueilli.

1896

10 janvier. — *Pages d'hier.* [*Un billet de vers à M. Austin de Croze.*] — Ce billet est accompagné du court fragment de poème suivant intitulé : *Début d'un récit diabolique :*

> Les yeux de l'infini cette nuit étaient bleus,
> Mi-fermés et versant aux nids déjà frileux
> Le rêve gazouilleur des nuits tièdes encore,
> Et les derniers vents de l'été, berceau sonore,
> Sur le ciel clair charmaient ces sommeils délicats...

1924

8 janvier. — *Impromptu.*

> Je n'aime pas les bicyclettes

Sonnet inédit et inachevé, publié par M. Maurice Monda. Non recueilli.

9 mars. — *Lettre de Verlaine à Rachilde*, parue dans le *Figaro* (Courrier des Lettres), et datée : le 13 février 1888. Cette lettre a été recueillie dans *Rachilde, homme de lettres*, par M. André David (Paris, *Nouvelle Revue Critique*, 1924, in-16).

30 mars. — *Médaillon de Rimbaud*, exécuté par Verlaine en 1894 et communiqué par M. Maurice Monda.

« De toute l'œuvre en vers de Rimbaud, œuvre dont je me réjouis... »

Publié antérieurement dans : *Portraits du prochain siècle* (Paris, Girard, 1894).

LES ANNALES GAULOISES

Rédacteur en chef : Henry Cormeau.

1889

Mars. — *Léon Vanier.*

« Léon Vanier, éditeur français... »

Les Hommes d'Aujourd'hui. Œ. C., V, p. 363.

LA PLUME

1889

1er juin. — *Parallèlement.*

Les morts que l'on fait saigner dans leur tombe

Parallèlement, p. 89. Œ. C., II, p. 189.

Ibid. — *Auburn.*

Tes yeux, tes cheveux indécis

Parallèlement, p. 29, Œ. C., II, p. 140.

Ibid. — *Guitare.*

Le pauvre du chemin creux chante et parle

Parallèlement, p. 81, Œ. C., II, p. 182.

15 octobre. — *Dédicaces. À George Bonnamour.*

J'étais malade de regrets, de quels regrets

Dédicaces, p. 19. Œ. C., III, p. 108.

1890

1er janvier. — *Lettre du* 19 *décembre* 1889.
Non recueillie.

15 janvier. — *Ballade en faveur des dénommés Décadents et Symbolistes.* A Léon Deschamps.

Quelques-uns dans tout ce Paris

Parue antérieurement dans *Le Décadent*, décembre 1887, sous le titre : *Ballade pour les Décadents.*
Dédicaces, p. 85. Œ. C., III, p. 204.

1er mars. — *Souscription pour publier « Dédicaces. »*

Ibid. — *A. François Coppée.*

Les passages Choiseul aux odeurs de jadis

Publié déja dans *Le Chat Noir*, 7 déc. 1889.
Dédicaces, p. 27. Œ. C., III, p. 91.

15 mars. — *Souscription pour publier « Dédicaces » (suite).*

1er avril. — *Souscription pour publier « Dédicaces » (suite et fin).*

1er mai. — *Comptes de la Souscription pour publier « Dédicaces ».*
Vu et approuvé les comptes ci-dessus. — Paul Verlaine.

15 août. — *Rodolphe Darzens.*

Jeune homme élancé

Publié déjà dans *Le Chat Noir,* du 24 mai 1890. *Dédicaces* (Vanier, 1894), p. 157. Œ. C., III, p. 165.

1er septembre. — *Billet à L...*

Ma petite compatriote

Œ. P., I (sous le titre : *Billet à Lily*), p. 126.

1891

15 mai. — *Bonheur.*

L'Art tout d'abord doit être et paraître sincère

Bonheur (Fragment de la pièce XVIII), p. 62. Œ. C., II, p. 259.

15 août. — *Chansons pour Elle.*

Or malgré ta cruauté

Chansons pour Elle, p. 8. Œ. C., II, p. 310.

1er octobre. — *Chansons pour Elle.*

La saison qui s'avance

Chansons pour Elle, p. 12. Œ. C., II, p. 314.

1892

15 juin. — *Portrait de Verlaine, par Cazals. Odes en son Honneur.*

L'écartement des bras m'est cher, presque plus cher...

Odes en son Honneur, p. 7. Œ. C., II, (sans titre), p. 403.

1er juillet. — *Mes Prisons.*

« Or, de l'ancien Chat Noir, aujourd'hui, le Mirliton... »

Mes Prisons, p. 74. Œ. C., IV, pp. 427-428.

Ibid. — *Devoirs d'Histoire de France, par E. Delahaye.*

« Nous sommes en retard pour parler d'un livre... »

Reproduit dans *Les Maîtres de la Plume*, du 1er novembre 1923 (article de M. Maurice Monda).
Non recueilli.

15 août. — *A Léon Cladel.*

Tu fus excessif

Dédicaces (Vanier, 1894), p. 169. Œ. C., III, p. 171.

1er septembre. — *A Mademoiselle Sarah D...*

O Mademoiselle Sarah

Œ. P., I, p. 114.

1er octobre. — *Confiance.*

Ils me disent que tu me trompes

Odes en son Honneur (sans titre), p. 53. Œ. C., II, p. 438.

15 octobre. — *Un document odéonien. Mon Testament.*

« Je ne donne rien aux pauvres... »

Publié déjà dans *Lutèce*, 28 juin 1885 et *Le Décadent*, 13 nov. 1886.
Les Mémoires d'un Veuf, p. 99. Œ. C., IV, p. 221.

1er novembre. — *Bataille de Dames.*

O toi triomphante sur deux

Odes en son Honneur (sans titre), p. 50. Œ. C., II, p. 436.

15 novembre. — *Pour Marie.*

Chez nos anciens c'était une bonne coutume

Dédicaces (Vanier, 1894), p. 171. Œ. C., III, p. 172.

1893

1er janvier. — *Nopces et festins.*

Nos repas sont charmants, encore que modestes

Odes en son Honneur (sans titre), — p. 37. Œ. C., II, p. 426.

15 janvier. — *A Mademoiselle Renée Zilcken.*

O Mademoiselle Renée

Dédicaces (Vanier, 1894), p. 141. Œ. C., III, p. 157.

Ibid. — *A un Passant.*

« Mon cher enfant, que j'ai vu dans ma vie errante... »

Dédicaces (Vanier, 1894), p. 187. Œ. C., III, p. 180.

15 février. — *A Arthur Rimbaud* (d'après un dessin de sa sœur, le représentant en costume oriental).

Toi mort, mort, mort, mais mort du moins tel que tu veux

Dédicaces (Vanier, 1894), p. 139. Œ. C., III, p. 156.

15 mars. — *Lettre pour le jour de l'An. Au vicomte de Lautrec.*

Ce n'est pas un bonjour tout sec

Dédicaces (Vanier, 1894), p. 191. Œ. C., III, p. 182.

Ibid. — *Pour Roberte.* A Henri Degron.

Seconde âme de mon ami, son autre cœur

Dédicaces (Vanier, 1894), p. 189. Œ. C.. III, p. 181.

15 avril. — *Vive le Roy.* (*Fragment*).

Simon! Ah! j'oubliais! Il est mort! Heureux lui!

Publié intégralement dans *La Plume* du 1er avril 1897.

Œ. P., II, p. 191.

Ibid. — *Le pinson d'Eugénie.*

C'est très miraculeux. Ce pinson si joli

Dédicaces (Vanier, 1894), p. 95. Œ. C., III, p. 130.

15 mai. — *Toast* (prononcé au 8e banquet de *La Plume*).

Je ne suis plus encore un faune

Œ. P., I, p. 132.

Ibid. — *Pour « La Plume ».* (Dit par l'auteur à la soirée du 13 avril, après le banquet.)

Je veux dire en ces quelques vers

Œ. P., I, p. 131.

Ibid. — *A G...*

Tu m'as plu par ta joliesse

Dédicaces (Vanier, 1894), p. 85. Œ. C., III, p. 124.

Ibid. — *Chanson pour boire.* A Léon Vanier.

Je suis un sale ivrogne, dam!

Invectives, p. 121. Œ. C., III, p. 408.

Ibid. — *Chanson pour L...*

Enfin après deux ans je te revois — et t'aime

Dédicaces (Vanier, 1894), p. 91. Œ. C., III, p. 128.

15 juin. — *Varia.* I. *Misère.*

Je veux dépeindre en ce sonnet

Dédicaces (Vanier, 1894), [A mon Éditeur], p. 118. Œ. C., III, p. 144.

II. — *Richesse.*

A me mettre, hélas, dans la poche !

Réimprimé dans *L'Etudiant* de septembre 1893. *Dédicaces* (Vanier, 1894), p. 121. Œ. C., III, p. 145.

III. — *A Elles.*

O la Dulcinée

Œ. P., I (sous le titre : *Demi-Teintes*), p. 77.

IV. — *Impression de Printemps.*

Il est des jours — avez-vous remarqué ? —

Œ. P., I, p. 27.

1er juillet. — *Choses d'amour.*

Il est mort le petit panier...

Dédicaces (Vanier, 1894) [sous le titre : *A E***, à propos d'un petit panier, qu'il avait démoli au bras d'une dame, dans un moment de vivacité*], p. 113. Œ. C., III, p. 139.

Ibid. — *Les Baisers Morts, poésies par Paul Vérola.* Frontispice par Rops.

« Voici un livre doublement intéressant... »

Non recueilli.

1er août. — *A F.-A. Cazals.*
(Derniers jours de juillet 1893 [Hôpital Broussais].)

Ils avaient escompté ma mort...

Invectives, p. 119. Œ. C., III, p. 406.

1er août. — *Quatorzain pour tous.*

O mes contemporains du sexe fort

Dédicaces (Vanier, 1894), p. 81. Œ. C., III, p. 122.

Ibid. — *Quatorzain pour toutes.*

O femmes, je vous aime toutes, là, c'est dit

Dédicaces (Vanier, 1894), p. 83. Œ. C., III, p. 123.

15 août. — *A Edmond Picard.*

Puisqu'il n'est pas permis en ce libre pays

Dédicaces (Vanier, 1894), p. 203. Œ. C., III, p. 191.

1er septembre. — *A propos d'un livre récent.*

« Les affaires de Belgique sont terminées à la presque satisfaction... »

Non recueilli.

15 septembre. — *Sonnets.*
A Léopold II de Belgique.

Je vous aime Français, et Roi, je vous respecte.

Dédicaces (Vanier, 1894), p. 213. Œ. C., III, p. 197.

Ibid. — *A Gabriel de Yturri.*

Yturri! c'est un nom terrible

Dédicaces (Vanier, 1894), p. 219. Œ C., III, p. 200.

1er octobre. — *A Monsieur et Madame T...*

La Mort qui nous possède et nous tient sous sa peur

Reproduit dans *Les Derniers jours de Paul Verlaine*, par F. A. Cazals et Le Rouge (sous le titre : *A Monsieur et Madame Tarte*), p. 155, et dans *La Lecture pour tous* de janvier 1911. Non recueilli.

1er novembre. — *Dernier Espoir.*

Il est un arbre au cimetière

Œ. P. [*Le Livre Posthume*], I, p. 157.

1er décembre. — *Tout bas, par Francis Poictevin.*

« M. Francis Poictevin vient de nous donner son onzième volume... »

Non recueilli.

1894

15 au 31 janvier. — *Etrennes Louis XV.*

Je méprise, vrai ! ces vers-ci

Dédicaces (Vanier, 1894), [sous le titre : *A E..., pour ses étrennes*], p. 101. Œ. C., III, p. 133.

15 au 28 février. — *Souvenir de Manchester. A Théodore C. London.*

Je n'ai vu Manchester que d'un coin de Salford

Dédicaces (Vanier, 1894), p. 129. Œ. C., III, p. 150.

15 au 31 mars. — *A Aurélien Scholl.*

A seize ans, l'âge du bachot épouvantable

Dédicaces (Vanier, 1894), p. 221. Œ. C., III, p. 201.

Ibid. — *Fountain Court. A Arthur Symons.*

La cour de la fontaine est, dans le Temple

Dédicaces (Vanier, 1894), p. 131. Œ. C., III, p. 151.

1er au 15 avril. — *Épigrammes. Prologue.*

Remis de ses émotions

Épigrammes, p. 7. Œ. C., III, p. 211.

1er au 15 mai. — *Épigrammes.*

Il faut toujours être meilleur

Épigrammes, p. 9. Œ. C., III, p. 214.

1er au 15 août. — *Épigrammes.*

Après les chants d'église et les airs militaires

Épigrammes, p. 27. Œ. C., III, p. 229.

Ibid. — *A William Heinemann.*

Mon âge mûr qui ne grommelle

Épigrammes, p. 25. Œ. C., III, p. 227.

15 au 31 août. — *Sur un portrait de Lamartine interprété par F.-A. Cazals.*

Lamartine, selon Cazals et selon moi,

Épigrammes, p. 65. Œ. C., III, p. 265.

1er au 15 septembre. — *Epigrammes :*

I

Après tout, si tu fus heureux

Épigrammes, p. 70. Œ. C., III, p. 269.

II

Vieux fou, songe plutôt au jour

Epigrammes, p. 71. Œ. C., III, p. 271.

III

L'amitié, j'y renonce aussi

Epigrammes, p. 72. ŒE. C., III, p. 272.

15 au 31 septembre. — *Epigrammes. Mons.*

Je revois, quasiment triomphal

Epigrammes, p. 49. ŒE. C., III, p. 251.

Ibid. — *Nascita de Venere.*

Vénus, debout sur le plus beau des coquillages

Epigrammes, p. 52. ŒE. C., III, p, 254.

1er au 15 octobre. — *Epigrammes* :

I

Ce livre est sûr de me plaire

Epigrammes, p. 15. ŒE. C., III, p. 220.

II

J'admire l'ambition du Vers libre

Epigrammes, p. 18. ŒE, C., III, p. 222.

III

Après tout, ils ont sans doute raison

Epigrammes, p. 20. ŒE. C., III, p. 224.

15 au 31 décembre. — *Chose pour l'amuser.*

Tu me dois ta photographie

Chair (Assonances galantes, I), p. 15. ŒE. C., III, p. 285.

1895

15 au 31 janvier. — *A Puvis de Chavannes.*

« Victor Hugo », soleil dont tous, sont le Memnon

ŒE. P., I, p. 136.

1er au 15 mars. — *Ecrit sur un livre de notes intimes.*

Ma vie en ce gros livre obscène tient à peine

Œ. P., II, p. 241.

1er au 15 juin.

Ils me disent que tu es blonde

Chair, p. 7. Œ. C. (sous le titre : *Chanson pour Elles*), III, p. 279.

15 au 30 novembre. — *Nouvelles Notes sur Rimbaud.*

« Ce n'est pas ici, où le nom et le renom d'Arthur Rimbaud sont familiers... »

Œ. P., II, p. 275.

1896

1er au 28 février. — *Désappointement.*

Le bon, ou plutôt le mauvais bibliomane

(Dernier sonnet écrit par Verlaine. 31 décembre 1895.) *Biblio-Sonnets*, p. 37. Non recueilli.

Ibid. — *Chair. Prologue.*

L'amour est infatigable

Chair, p. 5. Œ. C., III, p. 277.

Chanson pour Elles.

Ils me disent que tu es blonde

Chair, p. 7. Œ. C., III, p. 279. (On a vu que cette même pièce a paru isolément dans le fascicule du 1er au 15 juin précédent.)

Autre.

Car tu vis en toutes les femmes

Chair, p. 9. Œ. C., III, p. 281.

Et dernière.

Car mon cœur jamais fatigué

Chair, p. 11. ŒE. C., III, p. 283.

Logique.

Quand même tu dirais

Chair, p. 13. ŒE. C., III, p. 284.

Assonances galantes :

I

Tu me dois ta photographie

Chair, p. 15. ŒE. C., III, p. 285.

II

Là! je l'ai ta photographie

Chair, p. 17. ŒE. C., III, p. 287.

III

Et puisque ta photographie

Chair, p. 19. ŒE. C., III, p. 289.

Les méfaits de la Lune.

Sur mon front, mille fois solitaire

Chair, p. 21. ŒE. C., III, p. 291.

Money.

Ah oui, la question d'argent!

Chair, p. 23. ŒE. C., III, p. 292.

La bonne crainte.

Le diable de Papefiguière

Chair, p. 25. ŒE. C., III, p. 294.

Minuit.

Et je t'attends en ce café

Chair, p. 29. ŒE. C., III, p. 297.

Vers en assonances.

Les variations normales

Chair, p. 31. Œ. C., III, p. 298.

Vers sans rimes.

Le bruit de ton aiguille et celui de ma plume

Chair, p. 33. Œ. C., III, p. 300.

« *La Classe.* »

Allez, enfants de nos entrailles, nos enfants

Chair, p. 35, Œ. C., III, p. 301.

Fog!

Ce brouillard de Paris est fade

Chair, p. 37. Œ. C., III, p. 303.

A Madame...

Notre-Dame de Santa Fé de Bogota

Chair, p. 39. Œ. C. (dans *Dédicaces*, et sous le titre : *A une Dame qui partait pour la Colombie*), III, p. 137.

A Madame Jeanne.

Je vous ai promis mon [sonnet] pour ce soir

Chair, p. 41. Œ. C. (dans *Dédicaces*), III, p. 203.

Ibid. — A F.-A. Cazals.

Ils avaient escompté ma mort

Publié déjà dans *La Plume*, 1 août 1893. *Invectives*, p. 119. Œ. C., III, p. 406.

Ibid. — L'Enterrement.

Je ne sais rien de gai comme un enterrement

Œ. P., I, p. 10.

1897

15 janvier. — *Dédicace manuscrite de « La Bonne Chanson ». A Madame M. M. de F...*

Faut-il donc que ce petit livre

(5 juillet 1870). ŒE. P., II, p. 231.

1er avril. — *Vive le Roy*. (Fragment inédit et complet d'un drame inachevé de Paul Verlaine). Premier tableau : Louis XVII, dans une chambre de la tour du Temple, seul.

Ah! j'oubliais. Il est mort du moins, lui!

ŒE. P., II, pp. 191 à 201.

ART ET CRITIQUE

Directeur : Jean Jullien.

1889

15 juin. — *Gosses*.

« Comme il s'était étalé, par la faute d'une jambe ankylosée... »

Reproduit dans *Paris Littéraire*.
ŒE. P., I, pp. 262 à 276.

6 juillet. — *Nécrologie. Jules Tellier.*

« Je n'ai eu de rapports avec Jules Tellier que sur le tard... »

Reproduit dans *Le Figaro* (Supplément littéraire du 4 août 1923) et dans *L'Eclair* du 5 août 1923.
Non recueilli.

19 octobre. — *Lettre à Jean Jullien, directeur de : « Art et Critique »*.
Non recueillie.

9 novembre. — *Vieille Ville* (fragment d'un livre perdu).

« C'est une ville de province, bien reculée... »

Œ. P., I, p. 214 à 226.

16 novembre. — *Vieille Ville* (*suite*).

« Le cierge miraculeux et la dévotion... »

Œ. P., I, pp. 226 à 235.

30 novembre. — *Vieille Ville* (*suite et fin*).

« Nous nous dirigeons assez lentement... »

Œ. P., I, pp. 235 à 245.

1890

1er février. — *Gosses* (*suite*).

« Toute petite, en dépit de son âge de puberté... »

Œ. P. I, pp. 276 à 282.

8 février. — *France.*

L'amour de la Patrie est le premier amour

(Pièce présentée au Concours de *L'Écho de Paris.*)
Bonheur (sans titre), p. 103. Œ. C., II, p. 289.

24 mai. — *Histoire d'un regard.*

« Aline allait au lait... »

Œ. P. I, p. 382.

8 novembre. — *Gosses* (*Mômes-Monocles*).

« Sous ce titre quasiment générique... »

I. — *A Édouard Dubus.*

« Grand, point trop mince... »

Œ. P., I, pp. 200-201.

II. — *A Alain Desvaux.*

« Pourquoi ce doux garçon s'entend-il surnommer... »

ŒE. P., I, p. 202.

III. — *A Henry Chollin.*

« Hyren Nilhoc pour ses lecteurs, car poète et romancier... »

ŒE. P., I, pp. 203 à 205.

IV. — *A Franklin Bouillon.*

« The Jersey man wich a jolly glass... »

ŒE. P., I, pp. 205-206.

V. — *A Dauphin Meunier et Henri Leclerq.*

« Le Monocle incarné en deux personnes... »

ŒE. P., I, pp. 206-207.

VI. — *A Jean Moréas.*

« Los, los et trois fois los !... »

ŒE. P., I, pp. 207-208.

1891

3 janvier. — *Les Livres : Le Pèlerin passionné, par Jean Moréas.*

« *Le Pèlerin Passionné*, de Jean Moréas est l'événement du jour... »

Reproduit dans les *Nouvelles Littéraires* du 1er décembre 1923 (Article de M Maurice Monda.)

Non recueilli.

L'AVENIR D'AIX-LES-BAINS

1889

Septembre. — *Dédié aux lecteurs de l'Avenir d'Aix-les-Bains, pour les distraire un peu des polémiques électorales.*

« Aussi, c'est la faute à la Compagnie P.-L.-M.

Mes Hôpitaux, p. 49. Œ. C., IV, pp. 343-350.

LA REVUE D'AUJOURD'HUI

Rédacteur en chef : Rodolphe Darzens.

1890

15 février. — *Bonheur* (fragments) :

I

Un projet de mon âge mûr

Bonheur (XIII), p. 37. Œ. C., II, p. 241.

II

Sois de bronze et de marbre et surtout sois de chair

Bonheur (XIV), p. 43. Œ. C., II, p. 245.

15 mars. — *Critique des « Poèmes Saturniens »*.

« J'avais bien résolu, lorsque je me décidai, il y a neuf ans... »

Œ. P. (moins vingt lignes), II, pp. 245 à 251.

6 juin. — *Bonheur*.

Prêtres de Jésus-Christ, la vérité vous garde

Bonheur (XI), p. 28. Œ. C., II, p. 234.

11 juillet. — *A propos d'un récent livre posthume de Victor Hugo.*

La première partie de cet article a été recueillie dans Œ. P. pp. 294 à 301. La deuxième partie dans Œ. P. II, pp. 335 à 343 (sous le titre : *A propos du dernier livre posthume de Victor Hugo*).

L'ARTISTE

1890

Novembre. — *La Décoration et l'Art Industriel à l'exposition de 1889.*

« Rien de plus intéressant, dégagées bien entendu... »

Il existe un tirage à part de cet article, dont le texte devenu rare, a été reproduit dans *Le Courrier Français* du 8 mars 1891. Voyez : Œ. P., II, p. 351.

1896

Janvier. — *Dix-sept lettres d'Angleterre*, adressées à Emile Blémont du 22 septembre 1872 au 8 février 1876. Voyez la *Correspondance*, tomes I et II, lettres CLII à CLXVIII.

Trois de ces épîtres familières ont été reproduites dans l'*Anthologie littéraire de l'Alsace et de la Lorraine*, par Ad. van Bever (Paris, Delagrave, s. d., [1920], petit in-16).

LA WALLONIE

1891

Janvier. — *A Monsieur Borély* (qui lui avait demandé une dédicace en vers sur un exemplaire d'*Amour*).

Vous m'avez demandé quelques vers sur « Amour »

Bonheur, p. 90. Œ. C., II, p. 280.

LE COURRIER FRANÇAIS

Directeur : Jules Roques.

1891

28 juin. — *Bénéfices.*

« Vénéfices » disait Huysmans dans son si intéressant bouquin *Là-bas*... »

Non recueillie.

Ibid. — Les Cornes du Faune, par Ernest Raynaud

« De tous les très jeunes poètes dont le nom sollicite... »

Reproduit dans le Supplément du *Figaro* du 1er mars 1924.
Non recueilli.

5 juillet. — *Souvenir d'Hôpital.* Au prince...

« Bien qu'étant, avec la générosité des gens ordinaires... »

Réimprimé dans *La Dernière Bohême* (*Verlaine et son milieu*), p. 115 [sous le titre : *Gosses.* Sauf quelques lignes].

12 juillet. — *Souvenir d'Hôpital* (*suite*).

« La soupe est mangée ou plutôt bue... »

Non recueilli.

Ibid. — Sur une statue de Ganymède.

Eh quoi, dans cette ville d'eaux

Parallèlement (1894), p. 79. Œ. C., II, p. 176.

Ibid. — A Armand Silvestre.

La grande Sand porta sur les fonts baptismaux

Dédicaces, p. 63. Œ. C., III, p. 105.

Ibid. — *Lettre à M. Jules Roques.*

« M. Roques, je lis à l'instant dans le *Courrier Français*... »

Non recueillie.

19 juillet. — *Au Quartier* (*Souvenir des dernières années*).

« J'entreprends une série de notes autobiographiques... »

Œ. P., II, pp. 157 à 160.

26 juillet. — *Au Quartier* (*suite*).

« Vers 1887, à l'issue de bien des événements... »

Œ. P., I, pp. 163 à 166.

2 août. — *Au Quartier.*

« Rue Saint-Jacques, un escalier terrible... »

Œ. P., I, pp. 167 à 170.

Ibid. — *Lettre à Monsieur Jules Roques.*
Non recueillie.

9 août. — *Au Quartier.*

« Comme les deux amis sortaient de ce café... »

Recueilli sous le titre : *Gosses* (VI). Œ. P., I, p. 269.

16 août. — *Au Quartier.*

« Mon fidèle ? lecteur voudra-t-il... »

Non recueilli.

6 septembre. — *Choses pour Elles.*

I

Jusques aux pervers miroirs

Chansons pour Elle, p. 10. Œ. C., II, p. 312.

II

Es-tu brune ou blonde ?

Chansons pour Elle, p. 26. Œ. C., II, p. 326.

L'ÉCHO DE PARIS

1891

13 mai. — *Lettre à Charles Morice, du 11 mai 1891.* Non recueillie.

17 mai. — *Lettre à Edmond Lepelletier, du 17 février 1889.*

Correspondance, I, p. 229.

22 mai. — *Mes Hôpitaux.*

I

« Au moins ce ne fut pas... »

Mes Hôpitaux, p. 1. Œ. C., IV, p. 303.

23 mai. — *Mes Hôpitaux (suite).*

II

« Là là tout beau... »

Mes Hôpitaux, p. 7. Œ. C., IV, p. 308.

24 mai. — *Mes Hôpitaux (suite).*

III

« Bon, voilà les bêtises qui recommencent... »

Mes Hôpitaux, p. 14. Œ. C., IV, p. 314.

Supplément du 24 mai. — *Un sonnet de Verlaine.* (Sonnet publié déjà dans *Le Chat Noir*, 7 déc. 1889 et dans *La Plume*, 1er mars 1890.)

Les passages Choiseul aux odeurs de jadis

Invectives (Souvenirs de Prison, 1874, n° XXXVIII), p. 82. Œ. C., III, p. 374.

25 mai. — *Mes Hôpitaux (fin)*.

« Et voici le plongeon, le débat dans les roseaux... »

Mes Hôpitaux, p. 23. Œ. C., IV, p. 322.

7 juin. — *Lettre au Directeur de l'Echo de Paris*. Non recueillie.

Supplément du 5 juillet. — *Souvenirs sur Théodore de Banville*.

« J'ai beaucoup connu le si regretté Maître... »

Œ. P., I, p. 183.

L'ÉCHO DE PARIS LITTÉRAIRE ILLUSTRÉ

1892

2 septembre. — *Elégie I*.

A mon âge, je sais qu'il faut rester tranquille

Elégies, p. 1. Œ. C., III, p. 3.

9 octobre. — *Elégie II*.

Je me demande encor. Cette tête que j'ai

Elégies, p. 8. Œ. C., III, p. 8.

30 octobre. — *Elégie III*.

D'après ce que j'ai vu, d'après ce que je sais

Elégies, p. 12. Œ. C., III, p. 11.

FIN DE SIÈCLE

1891-1894

Du 16 mai 1891 au 27 septembre 1894, Paul Verlaine a collaboré activement à cette publication hebdomadaire, fournissant bon nombre de pièces tirées de : *Poèmes*

Saturniens, *Fêtes Galantes*, *Romances sans Paroles*, *Parallèlement*. Ces poèmes n'apportant point de variantes au texte primitif, nous nous sommes cru dispensés d'en établir la liste. On ne trouvera mentionnées ici que des productions originales.

1892

9 juillet. — *Ode en son honneur.*

L'écartement des bras m'est cher, presque plus cher

Publié déjà dans *La Plume*, 15 juin 1892.
Odes en son honneur, p. 7. Œ. C., II, p. 403.

1893

20 mai. — *Chant d'amour brutal.*

Quand le dernier tissu de fine broderie

Non recueilli.

24 août. — *Quatorzain pour toutes.*

O femmes, je vous aime toutes, là, c'est dit !

Publié déjà *La Plume*, 1er août 1893.
Dédicaces (1894), p. 83. Œ. C., III, p. 123

17 septembre. — *Impressions de printemps.*

Il est des jours — avez-vous remarqué ? —

Publié déjà dans *La Plume*, 15 juin 1893.
Varia, Œ. P., I, p. 27.

1894

30 septembre. — *Confessions. (Notes sur ma vie.)*

« On me demande des « notes sur ma vie ». C'est bien modeste... »

Confessions (1895), pp. 7-14[1].

1. On sait que *Confessions* figure dans les *Œuvres Complètes*, t. V, pp. 3 à 91.

4 octobre. — *Confessions* (*suite*).

« Il était écrit que je ne devais pas avoir de chance... »

Confessions (1895), pp. 14-22.

7 octobre. — *Confessions* (*suite*).

« Retour donc à Metz... »

Confessions (1895), pp. 23-30.

11 octobre. — *Confessions* (*suite*).

« Quoi de plus à Metz... »

Confessions (1895), pp. 31-38.

14 octobre. — *Confessions* (*suite*).

« Chronologiquement, c'est le Deux Décembre... »

Confessions (1895), pp. 39-46.

18 octobre. — *Confessions* (*suite*).

« Jusque-là, et depuis lors... »

Confessions (1895), pp. 47-54.

21 octobre. — *Confessions* (*suite*).

« J'aborde ici un temps bien intéressant... »

Confessions (1895), pp. 55-62.

25 octobre. — *Confessions* (*suite*).

« Ce saut dans l'inconnu de la rue et du soir... »

Confessions (1895), pp. 63-69.

28 octobre. — *Confessions* (*suite*).

« Laides, église et chapelle... »

Confessions (1895), pp. 71-77.

1er novembre. — *Confessions* (*suite*).

« Il paraît que le mobilier... »

Confessions (1895), pp. 79-84.

4 novembre. — *Confessions* (*suite*).

« Le lendemain, nouvel examen... »

Confessions (1895), pp. 85-88.

8 novembre. — *Confessions* (*suite*).

« Je dois, pour m'acquitter en conscience... »

Confessions (1895), pp. 89-95.

15 novembre. — *Confessions* (*suite*).

« Hélas ! il me faut rétrograder... »

Confessions (1895), pp. 97-103.

18 novembre. — *Confessions* (*suite*).

« Donc Glatigny, puis Mendès... »

Confessions (1895), pp. 105-108.

22 novembre. — *Confessions* (*suite*).

« Mais il n'est que temps... »

Confessions (1895), pp. 109-113.

LE GIL BLAS ILLUSTRÉ

1892

12 juin. — *Ode en son Honneur.*

Riche ventre qui n'as jamais porté

Publié déjà dans *L'Ermitage,* 15 mai 1892.
Odes en son Honneur, p. 30. Œ. C., II, p. 421.

1895

3 février. — *Galanteries* (Musique de Gaston Delétré).

Quand même tu dirais

Chair (sous le titre : *Logique*), p. 13, Œ. C., III, p. 284.

VENDÉMIAIRE

1891

1er juillet. — *Chronique de l'Hôpital.*

« Décidément, tout de même, il noircit l'Hôpital... »

Publié déjà dans *Le Chat Noir* du 5 juill. 1890.

Mes Hôpitaux, II, pp. 37 à 40. Œ. C., IV, p. 333-336.

LA CONQUE

1891

1er septembre. — *Chanson pour Elle.*

L'horrible nuit d'insomnie !

Chansons pour Elle, p. 20. Œ. C., II, p. 321.

LA VIE PARISIENNE

1891

26 septembre. — *Réponse à l'Enquête de la Vie Parisienne sur la crise de l'Amour.*

« Les philosophes grecs aimaient les belles formes. Leur cœur s'attachait de préférence aux nobles lignes que les beaux éphèbes déployaient dans les exercices de gymnase. Socrate aimait à s'entourer de figures idéales et se plaisait à les regarder : Sa morale lui en paraissait rehaussée. Virgile eut toujours un goût très vif pour les jeunes Romains : ses églogues ont consacré le souvenir de ses passions et de ses jalousies. Certes, tout cela est hautement idéal. Mais quelques esprits délicats de nos jours, heurtés par le côté bassement matériel de l'amour, par le prosaïsme des rapports journaliers, frappés de l'incomplet des formes féminines, du manque d'esthétique de leur amitié toujours peu sûre, ont jugé que la passion ordinaire ne pouvait jamais atteindre à ce haut point de désintéressement où se joue l'amitié entre hommes — L'amitié-passion, voilà le remède que vous cherchez.

Non recueilli.

LA REVUE BLANCHE

1891

Novembre. — *Invectives.*

Bons camarades de la presse

Invectives (sous le titre : *Littérature*), p. 7.
Œ. C., III, p. 313.

Ibid. — *Déception.*

Satan de sort, diable d'argent

Invectives (XLVII), p. 103. Œ. C., III, p. 394.

1893

15 avril. — *A. E...*

I

Lorsque nous allons chez Vanier

Dédicaces (Vanier, 1894) p. 111. Œ. C., III, p. 138.

II

C'est très miraculeux : ce pinson si joli

Publié déjà dans *La Plume*, 15 avril 1893.
Dédicaces (Vanier, 1894) [sous le titre : *Le Pinson d'E..*, p. 95. Œ. C., III, p. 130.

Octobre. — *Vers Paris.*

Paris n'a de beauté qu'en son histoire

Œ. P., II, p. 234.

Ibid. — *A Francis Poictevin.*

Toujours mécontent de son œuvre

Dédicaces (1894), p. 205. Œ. C., III, p. 192.

Ibid. — *A Certains.*

Et pourquoi cet amour dont plus d'un sot s'étonne

Œ. P., I, v, p. 53.

Décembre. — *Londres.*

Un dimanche d'été, quand le soleil s'en mêle.

Non recueilli.

1894

Février. — *Contre la jalousie.*

I

Voici des cheveux gris et de la barbe grise

Dédicaces (Vanier, 1894) [sous le titre : *A l'Aimée*], p. 215. ŒE. P., I, p. 49.

II

La jalousie est multiforme

ŒE. P., I, p. 50.

III

D'ailleurs la jalousie est bête

ŒE. P., I, p. 51.

IV

Bah ! confiance et jalousie !

ŒE. P., I, p. 52.

V

Dis sérieusement, lorsque je serai mort

Publié déjà dans la *Revue Parisienne*, 25 nov. 1893. ŒE. P., I, *Fragments*, I, p. 148.

Avril. — *Mal de mer.*

Mon cœur est gros comme la mer

ŒE. P. I, p. 33 [sous le titre : *Souvenir du 19 novembre 1893*],

On sait qu'il existe une version différente de ce poème publiée sous ce titre : *Conquistador*, dans *Pall Mall Magazine*, novembre 1894. Voir plus loin, pp. 172 et 182.

Ibid. — *Traversée.*

Je me rembarque sans motif

Œ. P., I, p. 35 (sous ce titre : *Retour* et sans la première strophe).

Voir dans l'édition des *Romances sans Paroles*, publiée dans les « Maîtres du Livre », p. 123, la note curieuse relative à ce poème.

Mai. — *Au bois joli, par Gabriel Vicaire.*

« Ce mois-ci aura été essentiellement littéraire... »

Œ. P., II, pp. 295 à 299.

Septembre. — *Tristia.*

Je n'avais pas connu l'Ennui

Œ. P., II, p. 237.

Ibid. — *Meliora.*

O calme retrouvé dans la foi d'un enfant

Œ. P., II, p. 239.

Ibid. — *Optima.*

Oui, la calme répudiation

Œ. P., II, p. 242.

1895

15 février. — *Chez soi à l'Hôpital.*

« Encore une fois, j'ai perdu mon pari... »

Œ. P., II, pp. 170 à 176.

1er mars. — *L'Hôpital chez soi.*

« Malgré tout, on y revient !... »

Non recueilli.

1er juin. — *Trois Épilogues en manière d'adieux à la littérature personnelle*, I.

Ainsi donc, adieu, cher moi-même

Publié déjà dans *Le Figaro* (Supplément), 1er juin 1895.

ŒE. P., I, p. 117.

II. — *L'Hôpital partout.*

« Il est regrettable — du moins pour une partie... »

Reproduit dans les *Nouvelles littéraires* du 19 juillet 1924 (article de M. Maurice Monda).

Non recueilli.

III. — *La Prison nulle part.*

« Quelle perspective immense : plus de prisons... »

Reproduit dans les *Nouvelles littéraires* du 19 juillet 1924 (article de M. Maurice Monda).

Non recueilli.

1er novembre. — *Vers pour l'hiver passé. Rêve.*

Je renonce à la poésie

Invectives, p. 143. ŒE. C., III, p. 426.

Ibid. — *Réveil.*

Je reviens à la poésie

Invectives, p. 145. ŒE. C., III, p. 428.

Ibid. — *Chansons à boire et à manger.*

Nos repas furent sommaires

Invectives (sous le titre : *Chanson à manger*), p. 125. Œ. C., III, p. 412.

Ibid. — *La Montre brisée. A Eugénie.*

Dans notre vie un peu fantasque

Invectives, p. 147. Œ. C., III, p. 430.

Ibid. — *Bergerades.*

« A l'instar des bergers de Virgile »

Œ. P., I, p. 73.

1896

15 novembre. — *Lettres d'Aix-les-Bains* (1889), *à F.-A. Cazals.*

(Une Saison à Aix-les-Bains. Août-Sept. 1889. Sept dessins de Verlaine.)

1er décembre. — *Lettres d'Aix-les-Bains à F.-A. Cazals (suite).*

(Une Saison à Aix-les-Bains. Août-septembre 1889. Six dessins de Verlaine.)

Publication de vingt et une lettres, d'après les originaux. Cette correspondance complétée a été recueillie dans un ouvrage de M. Lucien Aressy : *La Dernière Bohême. Verlaine et son milieu.* Paris, Jouve, sans date [1923], pp. 58 à 115.

LE RÉVEIL CATHOLIQUE

Directeur : Faustin Gaudois.
Rédacteur en chef : Raphaël Dolney.

1891

28 décembre. — *Noël triste.* A Emmanuel Signoret.

Petit Jésus qu'il nous faut être

Liturgies Intimes (sans titre), p. 5. *Ibid.* (Vanier, 1893) [sous le titre : *Noël*], p. 9. Œ. C. [sous le titre : *Noël*], II, p. 354.

16 janvier. — *Lettre à l'Univers, du 11 janvier 1892.*
Reproduite dans le *Bulletin du Bibliophile* du 1er juillet 1923, sous la signature H. M.
Non recueillie.

LA LORRAINE ARTISTE

1892

3 janvier. — *Souvenirs d'un Messin.*

18 septembre. — *Souvenirs d'un Messin (suite).*

« L'Esplanade, sa musique du 2e génie... »

Non recueilli.

2 octobre. — *Souvenirs d'un Messin (suite). [Ode à Metz].*

Je déteste l'artisterie

Reproduit dans *La Plume* du 1er au 28 février 1896.
Invectives, p. 9. Œ. C., III, p. 315.

1893

12 novembre. — *Les Soirées de La Lorraine Artiste. Causerie de M. Paul Verlaine, par Jules Rais.*
En outre d'un grand nombre de citations empruntées à la conférence du poète, on trouve, dans ce compte rendu deux poèmes de Verlaine.
1° *Ex imo.*

O Jésus, vous m'avez puni moralement

Publié déjà dans le Supplément litt. du *Figaro*, 12 août 1893.

Varia, Œ. P., I, p. 29.

2° [*A l'Aimée*].

Voici des cheveux gris et de la barbe grise

Publié déjà dans *La Revue Blanche*, février 1894.

Dédicaces (2e édition, Vanier, 1894), p. 215. Œ. C., III, p. 198 et *Varia*, Œ. P., I, p. 49.

LE SAINT-GRAAL

Rédacteur en chef : Emmanuel Signoret.
Secrétaires de rédaction :
Lanugère et Louis Le Cardonnel.

1892

25 janvier. — *Au poète de Missive.*

Lettre du 20 janvier 1892.

Non recueillie.

5 février. — *Noël Triste.* A Emmanuel Signoret.

Petit Jésus qu'il nous faut être.

Voir : *Le Réveil Catholique* du 28 décembre 1891.

Liturgies Intimes (sans titre), p. 5. *Id.* (Vanier, 1893) [sous le titre : *Noël*], I, p. 9. Œ. C., II (sous le titre : *Noël*), p. 354.

8 mars. — *A Gustave Lerouge.*

La vie est vraiment si stupide, que ma foi !

Dédicaces (Vanier, 1894, LXXX), p. 173. Œ. C., III, p. 173.

20 mars. — *Poèmes*, I.

Sécheresse maligne et coupable langueur

Liturgies Intimes, p. 25. Œ. C., II, p. 377.

II

Ces vrais vivants qui sont les saints

Liturgies Intimes (sous le titre : *Toussaint*), p. 28. Œ. C., II, p. 380.

III

L'agneau cherche l'amère bruyère

Publié déjà dans *Le Scapin*, 1er sept. 1886. *Liturgies Intimes*, p. 27. Œ. C., II, p. 379.

Juin-juillet. — *Credo*.

Je crois ce que l'Église catholique

Liturgies Intimes, p. 16. Œ. C., II, p. 366.

L'ERMITAGE

Directeur : Henri Mazel.

1892

15 mai. — *Odes en son Honneur*.

Riche ventre qui n'as jamais porté

Odes en son Honneur (XI), p. 30. Œ. C., II, p. 421.

15 août. — *Haud ignara mali*.

Quand tu me racontes tes frasques

Odes en son Honneur (XV), p. 42. Œ. C., II, p. 430.

15 septembre. — *Polémiques*.

On dit que je suis un gaga

Invectives, I, p. 107, III, p. 398 (sans titre).

15 octobre. — *Vêpres rustiques.*

Le dernier coup de vêpres a sonné, l'on tinte.

Liturgies Intimes (Vanier), p. 41. ŒE. C., II, p. 384.

1893

Novembre. — *Referendum* : *Contrainte et Liberté.*

« Quelle est la meilleure condition du bien social, une organisation spontanée et libre ou bien une organisation disciplinée et méthodique. Vers laquelle de ces conceptions doivent aller les préférences de l'artiste ?

Réponse de Paul Verlaine.

« L'organisation disciplinée et méthodique, en attendant que l'autre soit possible, ce qui me paraît un rêve. Je suis en fait de politique générale de l'avis de Joseph de Maistre, le rêve de Bakounine n'étant pas encore réalisable. »

Non recueilli.

LA REVUE MODERNE

Directeur : Ch. Bourget.
Rédacteur en chef : Robert Bernier.

1892

25 décembre. — Numéro spécial de Noël.
Paul Verlaine. In Memoriam.

THE HOBBY HORSE

Londres.

1893

N° 2. — *Visiteurs.*

Je n'ai pas vu d'arbres ni d'herbe

ŒE. P. (sous le titre : *Visites*), I, p. 56.

REVUE ILLUSTRÉE

1893

15 mars. — *Les Confidences de Salon. Paul Verlaine.*

Reproduit dans *Le Figaro* du 18 mars 1924, sous la rubrique du *Courrier des Lettres* (Les Alguazils).

Non recueilli.

LA REVUE LITTÉRAIRE ET CRITIQUE

1893

10 juillet. — *Mon Apologie.*

Je suis un homme étrange, à ce que l'on me dit

Reproduit dans *La Lecture Rétrospective* du 20 février 1896.

Invectives, p. 149. Œ. C., III, p. 432.

LA CLOCHE

Directeur : Georges Elcar.

1893

1er septembre. — *Autobiographie.*

« Paul Verlaine est né à Metz... »

Daté de l'Hôpital Broussais, 21 août 1893.

Reproduit dans le Supplément du *Figaro* du 7 avril 1923 (article de M. Maurice Monda).

Non recueilli.

Ibid. — *Soné Jonétic.*

E Koi, vrémau, bon Duvignô

Publié déjà dans *Le Chat Noir*, 3 janv. 1891.

Dédicaces (Vanier, 1894), [sous le titre : *A A. Duvi-*

gneaux, trop fougueux adversaire de l'orthographe phonétique], p. 165. Œ. C., III, p. 169.

LA REVUE PARISIENNE

(Primitivement *La Revue littéraire et critique.*)

1893

10 octobre. — I. *Prière.*

Me voici devant vous, contrit comme il faut

Œ. P., I, p. 84.

II. — *Au Comte Robert de Montesquiou-Fezensac.*

Le poète infini qui, doublant et triplant

Dédicaces (Vanier, 1894), p. 217. Œ. C., III, p. 199.

25 octobre. — *Ma Candidature.*

« Je crois être un esprit suffisamment libéral... »

Œ. P., II, pp. 360 à 366.

25 novembre. — *Le Livre Posthume.*

I

Dis sérieusement, lorsque je serai mort

Œ. P., I, p. 148.

II

J'ai magnifié de vertus

Œ. P., I, p. 149.

III

Lorsque je t'écrivais des vers

Œ. P., I, p. 151.

IV

Te rappelleras-tu mes colères injustes

Œ. P., I, p. 153.

V

Et voici l'instant où tu meurs

ŒE. P., I, p. 155.

25 décembre. — *Confession pour l'amie.*

Oui, soyons-nous poète et muse

Dédicaces (sous le titre : « *A la même* »), p. 197. ŒE. C., III, p. 186.

25 janvier. — *Le Livre Posthume.*

Le poète a fini sa tâche

ŒE. P., I, p. 145.

25 mars. — *Pâques.*

De Rome hier matin, les cloches revenues

ŒE. P., I, p. 81.

THE FORTNIGHTLY REVIEW

Edited by Frank Harris.

1894

Avril. — *Retraite.*

On s'isole à Paris, quelle que soit l'horreur

ŒE. P., I, p. 54.

Ibid. — *Craintes.*

Jésus, mon sincère retour

Réimprimé dans *La Revue de Paris* du 15 décembre 1918, p. 616 (article de M. Jean Aubry).

Non recueilli.

Juillet. — *Notes on England myself as a French Master*. Traduction en anglais d'un article original de P. Verlaine, dont quelques fragments ont été reproduits, en français, au cours de l'étude de G.-Jean Aubry : *Paul Verlaine et l'Angleterre*. Revue de Paris, 1918. On sait qu'une partie de cette étude a paru d'après le manuscrit original dans le Supplément du *Figaro* du 7 janvier 1923 et du 29 mars 1924.

Septembre. — *Shakespeare and Racine*.

« Some young men, who keep... »

Reproduit presque intégralement en français dans ŒE. P., II, p. 367, sous le titre : *Notes sur la Poésie Contemporaine*. Fragments de conférences faites à Bruxelles et à Charleroi.

NEW REVIEW

1894

Avril. — *Anniversaire*.

Je ne crois plus au langage des fleurs

Dédicaces (1894), p. 117. ŒE. C., III, p. 142.

1895

Mars. — *A une femme* :

Le bruit de ton aiguille et celui de ma plume...

Publié déjà sous ce titre : *Vers sans rime*, dans *La Plume*, 1-28 fév. 1896 dans *Chair*, p. 33. ŒE. C., III, p. 300.

Juin. — *A Eugénie* :

Mais il te faut m'être si douce...

ŒE. P. (*Varia*), I, p. 96.

PALL MALL MAGAZINE

1894

Mai. — *Oxford.*

Oxford est une ville qui me consola

Confessions, p. 83. ŒE. C., V, p. 66 et ŒE. P., I, p. 62.

Novembre. — *Conquistador.*

Mon cœur est gros comme la mer

Réimprimé dans la *Revue* (Cf. *Souvenir du 19 nov. 1893*), 15 avril 1903 et dans l'étude de J.-G. Aubry. *Paul Verlaine et l'Angleterre.* Revue de Paris, 15 octobre 1918, p. 314, et à la suite de l'édition des *Romances sans Paroles* (collection des Maîtres du Livre, p. 122.) Voyez une autre version de ce poème insérée dans la *Revue Blanche* d'avril 1894, sous ce titre : *Mal de Mer.*
Non recueilli.

ATHENÆUM

1894

12 mai. — *Paul Verlaine's Lecture* (In Barnard's Hall, 21 novembre 1893).
(Lecture faite le 21 novembre 1893 et datée du 21 mars 1894.)

Dans ce hall cinq fois séculaire

Réimprimé en fac-similé dans la *Revue Encyclopédique* du 1er janvier 1895 et dans *Le Figaro* du 24 janvier 1896, sous le titre : *Barnard's Inn Hall.* et ŒE. P. I, p. 64 (avec quelques variantes). Voyez également l'article de

G. Jean Aubry : *Paul Verlaine et l'Angleterre*. Revue de Paris, 1er décembre 1918, p. 606.

LE PROCOPE

Rédacteur en chef : E. Jacquemin.

1894

Octobre. — I. *Sur un vers de Catulle Mendès qui me fut vraiment très suggestif et comme révélateur.*

Lorsque j'étais un tout petit poète en marche

Épigrammes, p. 68. Œ. C., III, p. 267 (sous le titre : *A propos d'un des plus beaux vers de Catulle Mendès*).

II. *A Madame M. C. (Souvenir de la Matinée du X septembre 1894)*.

L'enfant avait reçu deux bons yeux dans la tête

Œ. P., I, p. 55.

1896

Février. — *Portrait de Verlaine dormant, par Steinlen.*

Au-dessous, on lit les vers suivants, les derniers qu'ait écrits Verlaine :

La mort que nous aimons, que nous eûmes toujours...

Voir : *La Revue Rouge* (1896). Œ. P., I, p. 116 (fragment de poème).

15 avril. — *Deux billets à Théo* [de Bellefond] (8 mars 1895 et décembre 1894).

Réimprimé dans *Le Réveil du Quartier Latin* du 14 janvier 1899 et dans *L'Intermédiaire des Chercheurs* (1910, tome I, p. 929).

Mai. — *A Madame...*

Je ne veux plus que tu me gruges

(Quatrain reproduit en phototypie, d'après l'original.) Œ. P., I (*Onze jours en Belgique*), p. 176 (seuls deux vers de ce quatrain ont été publiés).

LA REVUE ENCYCLOPÉDIQUE

1894

15 octobre. — *Littérature : Opinions sur la Littérature et la Poésie contemporaines. Origines immédiates.*

« J'aurais bien des choses à dire en avant-propos de ces lignes... »

(Fragment de conférences faites à Bruxelles et à Charleroi.) Œ. P., II, pp. 367-380.

1895

1er mai. — *Croquis de Belgique.*

« Bouillon, en entonnoir, la Semoy, noire... »

Œ. P., II, p. 135.

1er septembre. — *Deux poètes anglais : Arthur Symons, L. Crammer Byng.*

« Au moment où l'on pourrait se sentir las... »

Non recueilli.

1896

25 janvier. — *Trois lettres autographes de Verlaine à M. G. Moreau, Directeur de la Revue, datées du 30 mars, 4 mai et 7 mai 1895.*

Reproduction, en fac-similé, d'après les originaux.

Non recueillies.

LE JOURNAL

1894

20 juillet. — *Souvenirs sur Leconte de Lisle.*

« Poète français, né en 1820... »

Les Hommes d'aujourd'hui (nombreuses variantes). Œ. C., t. V, p. 287.

1922

8 janvier. — *Une lettre inédite de P. Verlaine*, datée du 14 mars 1895 et adressée à Lucien Descaves, au sujet de la sépulture de Villiers de l'Isle-Adam.

Non recueillie.

ARTE

1895

Novembre. — *Conte* :

Il y avait une fois, quelle fois?...

Œ. P., I, (*Conte Pédagogique*), p. 258.

THE SENATE

1895

Janvier. — *La classe.*

Allez, enfants de nos entrailles, nos enfants

Reproduit dans *Le Procope* de février-mars 1895 et dans *La Plume*, 1-28 fév. 1896.

Chair, p. 35. Œ. C., III, p. 301.

Février. — *A Madame de *** (pour son Album).*

Je n'ai jamais été dans la Bretagne, mais...

Œ. P., I, p. 137.

Mai. — *Auguste Vacquerie.*

« J'ai connu Auguste Vacquerie à l'occasion de *Poèmes Saturniens...* »

Œ. P., II, p. 324

Août. — *Deux poètes français : Édouard Dubus et R. de Montesquiou.*
Non recueilli.

Septembre. — *Iterum Crispina.*

Mais puisque l'hyène ancienne

Invectives (sous le titre : *A l'ancienne*), p. 139. Œ. C., III, p. 422.

Octobre. — *Arthur Rimbaud.*

« On s'est décidé à publier enfin l'Œuvre complète... »

Reproduit dans le Supplément littéraire du *Figaro* du 12 maî 1923.
Non recueilli.

Décembre. — *Cordialités.*

« Dans ce Paris où l'on est voisin et si loin... »

Œ. P., I, p. 42.

1896

Janvier. — *Notes respecting Alexandre Dumas the younger.*

« Between this man and ourselves...

Œ. P., II, p. 391.

L'ÉPREUVE LITTÉRAIRE

(Supplément de *Pan*. Réservé aux abonnés français.)

1895

Avril-mai. — *Fable ou histoire.*

Le poète mourant de faim

Reproduit dans *La Plume* du 1er au 28 février 1896. — *Invectives*, p. 54. Œ. C., III (sous le titre : *Anecdote*), p. 353.

PAN

1895

Avril-mai. — *Prologue pour Varia.*

Je suis un homme étrange, à ce que l'on me dit

Publié déjà dans *La Revue littéraire et critique*, 10 juill. 1893.

Invectives (sous le titre : *Mon Apologie*), p. 149. Œ. C., III, p. 432.

REVUE BIBLIO-ICONOGRAPHIQUE

Répertoire des ventes publiques cataloguées de livres, autographes, vignettes, estampes et tableaux.
Rédacteur en chef : Pierre Dauze.

1895

26 octobre. — *Bibliophilie.*

Le vieux livre qu'on a lu, relu tant de fois

Biblio-Sonnets, p. 17[1].

1. On sait que la série des Biblio-Sonnets n'a pas été reproduite dans les *Œuvres Complètes*.

16 novembre. — *Reliomanie.*

Lire n'est rien : faut avoir lu ; faut ; l'a fallu !

Biblio-Sonnets, p. 21.

30 novembre. — *Bibliophobes*, I.

La femme, en qui l'on doit mettre tout son amour

Biblio-Sonnets, p. 49.

14 décembre. — *Bibliophobes*, II.

Voilà qui tout le long, le long de ce sinet

Biblio-Sonnets, p. 53.

28 décembre. — *Pauca mihi.*

Bon pied, bon œil, or je ne les ai plus

Biblio-Sonnets, p. 41.

LA REVUE DES BEAUX-ARTS

1895

1er décembre. — *Chronique : Arthur Rimbaud.*

« Il y a quelques mois, à l'occasion d'un monument tout simple... »

Œ. P., II, pp. 269 à 274.

LE MONDE

1896

22 janvier. — [*Lettre de Verlaine*], publiée au cours d'un article de Adrien Mithouard sur le poète.

Non publiée dans la *Correspondance*.

LA REVUE ROUGE

1896

Janvier. — *Mort.*

Les armes ont eu leurs ordres en attendant

Œ. P., I, p. 115.

LA REVUE DU NORD

Directeur : Émile Blémont.

1896

1er février. — *Poèmes de Flandre et d'Artois. II. Marceline Desbordes-Valmore.*

La plus noble d'esprit, la plus grande de cœur

Non recueilli.

Ibid. [Sept] *Lettres du Nord*, adressées à Émile Blémont du 1er juillet 1871 au 15 décembre 1880.

Voyez la *Correspondance*, I, CXLVII à CLI et II, CLXIX.

THE SAVOY

1896

Avril. — *My visit to London* (Article de Verlaine traduit par A. Symons).

Non recueilli.

LA CHRONIQUE MÉDICALE

Directeur : Dr Cabanès.

1896

1er octobre. — *A Monsieur le docteur Grandmaison, interne des Hôpitaux.*

Tu fus inhumain

Invectives, p. 33. Œ. C., III, p. 336.

1899

13 février. — *Lettre du 7 juillet 1890*, au directeur de *La Chronique Médicale.*

Non recueillie.

THE PAGEANT

Londres.

1896

Monna Rosa, poème [inspiré par Rossetti]. Écrit en septembre 1895, selon le ms. de W. Rothenstein.

Elle est seule au boudoir.

Œ. P., I, p. 75.

REVUE D'ARDENNE ET D'ARGONNE

Directeurs : Charles Houin, André Donnay, Paul Collinet.

1897

Janvier-février. — *Inséparables*. I. A. Ernest Delahaye.

I

Dans ce Paris où l'on est voisin et si loin

Publié déjà dans *The Senate*, en déc. 1895.

Œ. P., I [sous le titre : *Cordialités*, I], p. 42.

II

Deux colibris parisiens, deux cancaniers

ŒE. P., I [sous le titre : *Cordialités*, II], p. 43.

Ces sonnets sont accompagnés de dessins inédits de Verlaine, représentant des pingouins et des colibris, charges de Delahaye et de Verlaine. On trouve, dans le même numéro, deux croquis de Verlaine, représentant Rimbaud, l'un daté de 1872 (à Meudon), l'autre de 1886.

LE SAGITTAIRE

1900

Juin. — *A mon fils*.

« Je me suppose un fils dans l'âge d'être soldat... »

Voyage en France par un Français, p. 79. ŒE. P., II, p. 80.

MERCURE DE FRANCE

Directeur : Alfred Vallette.

1905

1er janvier. — *Lettres à Félicien Rops*, par E. de Goncourt, Glatigny, Poulet-Malassis, Ph. Burty, Baudelaire, etc... — On trouve dans cette série trois lettres de Paul Verlaine relatives à *Parallèlement*.

1923

1er juin. — [*Six billets de Paul Verlaine à M. Ph. Zilcken*], recueillis dans un article de G. Jean Aubry : *Verlaine en Hollande*.

Ibid. — *Lettres de Paul Verlaine à Léon Vanier* (XVII lettres réimprimées au tome II de la *Correspondance*).

1er octobre 1923 (p. 189). [*Lettre de Verlaine à Rachilde*] (12 novembre 1886).

Lettre publiée primitivement dans *Comœdia*.

1925

1er juillet. — *Lettres inédites au docteur Jullien* (Cf. *P. Verlaine et son Médecin*, par J. Marsan.).

LA REVUE

(Ancienne Revue des Revues.)

1903

15 avril. — *Poèmes Inédits*. I. *Souvenir du 19 novembre 1893.*

Mon cœur est gros comme la mer

Œ. P., I, p. 33. (Voir : *Pall Mall Magazine*, p. 172.)

II. — *Retour.*

La mer est douce comme un cœur

Cf. pp. 161 et 172. — Œ. P., I, p. 35.

III. — *Monna Rosa.* (D'après un tableau de Rossetti.)

Elle est seule au boudoir

Publié déjà dans *The Pageant*, 1896.
Œ. P., I, p. 75.

IV. — *Assomption.*

Aujourd'hui c'est ma fête et j'ai droit à des fleurs

Œ. P., I, p. 83.

V. — *Le charme du Vendredi Saint.*

I

La Cathédrale est grise admirablement

Œ. P., I, p. 23.

II

Le soleil fou de Mars éveille un peu plus la verdure

Œ. P., I, p. 24.

Ibid. — *Sonnet.*

L'enfant avait reçu deux bons yeux dans la tête

Publié déjà dans *Le Procope*, oct. 1894.
Œ. P., I, p. 55.

Ibid. — *Eventail Directoire.*

Madame, parmi tant d'amants.

Œ. P., I, p. 19.

Ibid. — *En* 17...

Le parc rit de rayons tamisés

Publié déjà dans *Le Chat Noir*, 20 févr. 1892
Œ. P., I, p. 17.

VERS ET PROSE

Directeur : Paul Fort.

1905-1906

Décembre-janvier-février. — *Poèmes d'Arthur Symons, traduits par Paul Verlaine*. I. *Prélude aux London Nights.*

Ma vie est comme au music-hall,
Ou dans l'impuissance de la rage,

II. *Aux Ambassadeurs.* A Yvette Guilbert.

C'était Yvette. Les joyeux Ambassadeurs
Etincellent ce Dimanche de la fête des Fleurs

III. *Prière à Saint Antoine de Padoue.*

Saint Antoine de Padoue, que je porte
Sur moi en effigie, écoute ma prière :

IV. *Dans la vallée de Llangollen.*

Aux champs et aux prés encore !
Il y a un oiseau qui chante à mon oreille :

Non recueillis.

LES MARCHES DE L'EST

Recueil trimestriel d'art et de littérature,
Paris, 84, rue de Vaugirard.

1909-1910

Fascicule n° 4. — [*Cinq lettres de Paul Verlaine*; 4 janvier 1857; 22 août 1862, mars 1863, 13 janvier 1872; 9 février 1880], recueillies et publiées dans un article de Thomas Braun : *Paul Verlaine en Ardennes.*

LE TEMPS

1911

2 juin. — [*Lettre de Paul Verlaine* du 8 janvier 1881] publiée au cours d'un article de Jules Claretie : *L'Apothéose de Paul Verlaine*, et reproduit dans *La Vie à Paris* (Paris, Fasquelle, 1914, années 1911 à 1913).

REVUE DES LETTRES FRANÇAISES

Edition de la « Renaissance du Livre ».

1912

Juillet-septembre. — *Lettres de Paul Verlaine à Jules Tellier*, 17 août 1886-14 décembre 1888.

Ces lettres au nombre de XXXIII ont été publiées par Raymond de la Tailhède.

TIMES LITERARY SUPPLEMENT

1916

27 janvier. — *London Bridge.*

Regarde ces flots noirs, ce grand fleuve de bouc

Réimprimé dans *Les Marges* d'avril 1919; *Le Problème de Rimbaud*, par Marcel Coulon ; *L'Intermédiaire des Chercheurs et Curieux* et enfin dans le *Figaro* du 23 janvier 1924.

Non recueilli.

ALMANACH LITTÉRAIRE G. CRÈS

1917

Lettre de Verlaine à Catulle Mendès (13 septembre 1872).

Non recueillie.

REVUE DE PARIS

1918

15 octobre-1er décembre. [*Quinze billets de Paul Verlaine*] à des correspondants anglais (Edm. Gosse; W. Heinemann; Rothenstein) publiés en entier, ou fragmentairement, au cours d'un article de G.-Jean Aubry : *Paul Verlaine et l'Angleterre.*

Voyez dans la même série, p. 616, un poème inédit de Verlaine intitulé *Craintes* et daté de septembre 1896 :

Jésus, mon sincère retour.

Ce poème publié déjà dans la *Fortnightly Review*, d'avril 1894, n'a pas été recueilli.

LA CONNAISSANCE

Revue de Lettres et d'Idées.

1920

Novembre. — *Une lettre et quelques billets inédits de Paul Verlaine*, par Pierre Dufay (Lettres à Nina de Callias, A. Gouzien, F.-A. Cazals, Eugène Carrière, etc.).

LE CENTRE ARTISTIQUE ET LITTÉRAIRE

Bellac (Haute-Vienne.)

1921

Janvier. — *Deux lettres de Paul Verlaine* (relatives à ses projets de traité avec l'éditeur A. Savine).

Non recueillies.

BELLES-LETTRES

Art et Critique.

1921

Janvier. — *Trois lettres de Paul Verlaine* (deux à des correspondants anonymes, la troisième à François Coppée).

Non recueillies.

LA REVUE EUROPÉENNE

1923

1er mai. — *Lettres inédites de Verlaine à Huysmans*, commentées par J. Aubault de la Haute-Chambre.

Non recueillies.

L'AGONIE DE PAUL VERLAINE (1890-1896)

Catalogue de la Bibliothèque de Robert de Montesquiou.

1923

Six lettres autographes originales, extraites d'un ensemble de soixante-huit lettres originales adressées à Robert de Montesquiou et à Gabriel de Yturri. (1-20 février 1892 ; 2-20 juillet 1893 ; 3-18 mars 1895 ; 4-31 mai 1895 ; 5-30 décembre 1895 ; 6-2 janvier 1896. Paris, Maison du Bibliophile, M. Escoffier, 1923, in-8°, hors commerce.)

Ces documents, — lettres et poèmes, — non recueillis, sont reproduits là en fac-similé. Ils sont précédés de la reproduction d'un portrait du poète en tenue d'hôpital, gravé à l'eau-forte par Zorn.

LES IDÉES FRANÇAISES

1924

Janvier-mai (n°s 9 à 14. [*Quinze lettres et billets de Paul Verlaine*] publiées au cours d'une étude de Émile Le Brun : *Verlaine inédit*. et adressées à ce dernier :

Quatre de ces lettres ou billets, ont été reproduits en fac-similé, d'après les originaux.

LA REVUE DE FRANCE

1924

1er octobre. — *Paul Verlaine et Victor Hugo*, par Gustave Simon. On trouve réunis, au cours de cette étude, quatre lettres de Verlaine à Victor Hugo, datant des 12 décembre 1858, 14 septembre 1867, 4 octobre

1872, 6 juilllet 1873, ainsi qu'un poème inédit intitulé : *La Mort*, et commençant par ce vers :

Telle qu'un moissonneur, dont l'aveugle faucille...

Non recueilli.

ERRATA

LE RÊVE ET L'IDÉE

Directeur : Saint-Georges de Bonhélier.
Rédacteur en chef : M. Le Blond.

1895

Janvier. — *Pour le Nouvel An.*

« La vie est de mourir et mourir c'est naître. »

Œ. P. I., p. 113.

Mars. — *Oegris Somnia.*

« Depuis dix ans, ma jambe gauche »

Œ. P. I., p. 98 (cf. : *Aegris Somnia*).

Mai-Juillet. — *Féroce.*

« Tu m'as vu mourant presque »

Œ. P. I., p. 48.

III

PRINCIPAUX OUVRAGES A CONSULTER

SUR

PAUL VERLAINE

SA VIE ET SON ŒUVRE

I

VOLUMES

X... : *Le Divorce de Paul Verlaine,* plaquette tirée à 25 exemplaires, hors commerce, sur papier de Hollande, aux frais de M. Georges-Emmanuel Lang, Paris, sans lieu ni date [1922], in-8°. — Ce curieux document contient les différentes pièces du procès en divorce intenté par Mme Verlaine contre son mari.

Henri d'Alméras : *Avant la Gloire. Leurs débuts.* Paris, Société française d'imprimerie et de librairie, I, 1902, in-18.

Anonyme : *Paul Verlaine et ses contemporains, par un Témoin impartial*, avec un portrait par A. Bonnet. Paris, Bibliothèque de l'Association, 1897, in-8°.

Lucien Aressy : *La Dernière Bohème. Verlaine et son milieu*, Paris, Jouve et Cie, s. d. [1922], in-18.

Très médiocre ouvrage, dans lequel on trouve réimprimée (pp. 59-115) la *Correspondance d'Aix-les-Bains*, adressée par Paul Verlaine à F.-A. Cazals (7 juillet-14 septembre, 1889). Le texte est accompagné de dessins et d'autographes de l'auteur.

Dans ce volume fut publiée également une partie des *Souvenirs d'hôpital* parus dans le *Courrier Français* du 5 juillet 1891 et non recueillis dans les « Œuvres Complètes » du poète.

Paterne Berrichon : *La Vie de Jean-Arthur Rimbaud.* Paris, Soc. du Mercure de France, 1897, in-18.

A. DE BERSAUCOURT : *Paul Verlaine* Paris. Falque, 1909, in-8°. Portrait par P. E. Vibert.

AD. VAN BEVER ET PAUL LÉAUTAUD : *Poètes d'aujourd'hui.* Nouv. éd., Paris, Mercure de France, 1907, in-18, t. II.

LÉON BLOY : *Un Brelan d'excommuniés.* Paris, Savine, 1889, in-18.

ADOLPHE BRISSON : *La Comédie littéraire.* Paris, Colin, 1895, in-18.

W.-G.-C. BYVANCK : *Un Hollandais à Paris en 1891. Sensations d'art et de littérature.* Paris, Perrin, 1892, in-16.

JEAN-MARIE CARRÉ : *Les Ardennes et leurs écrivains.* Charleville, 1921, in-18.

F.-A. CAZALS : *Paul Verlaine, ses portraits*, préface de J. K. Huysmans, texte de Félicien Rops, Ernest Delahaye et H. Cornuty. Paris, Bibliothèque de l'Association, 1896, in-8°.

F.-A. CAZALS ET GUSTAVE LE ROUGE : *Les derniers jours de Paul Verlaine.* Paris, Mercure de France, 1911, in-18 et 1923, in-8°.

Cet ouvrage contient quelques fragments de poèmes et des documents originaux sur le poète.

PAUL CLAUDEL : *Verlaine*, avec illustrations d'André Lhote. Paris, Nouvelle Revue française, 1923, in-4.

HENRI CLOUARD : *La Poésie française moderne.* Paris, Gauthier-Villars, 1924, in-18.

J. COUCKE : *Paul Verlaine.* Bruxelles, Lamertin, 1896, in-8°.

MARCEL COULON : *Au cœur de Verlaine et de Rimbaud*,

avec des documents inédits. Paris, Le Livre, 1925, in-18.

André David : *Rachilde, homme de lettres*. Paris, Nouvelle Revue Critique, 1924, in-16. — Cette plaquette contient le fac-similé d'un poème : *Hymne*, dédié à Rachilde :

Tu nous rends l'égal des héros et des dieux

et une lettre de Verlaine du 13 février 1888, non recueillie dans la *Correspondance*.

E. Delahaye : *Verlaine*. Paris, Messein, 1919, in-8°.

Divers : *Portraits du prochain siècle*. Paris, Girard, 1894, in-16. Notice sur A. Rimbaud par P. Verlaine, p. xxiv.

Non recueilli.

Charles Donos : *Verlaine intime*. Paris, Vanier, 1898, in-16.

Cet ouvrage contient quelques épîtres et de nombreux dessins originaux de Verlaine. Le texte des lettres est souvent inexact.

Marcel Dugas : *Feux de Bengale à Verlaine glorieux*. Montréal, 1915, Conférence lue à l'Alliance Française le 15 février 1915.

Edouard Dujardin : *Les premiers poètes du vers libre*. Paris, Mercure de France, 1922, in-16.

Maurice Dullaert : *Verlaine*. Gand, Imprimerie A. Siffer, 1896, in-8°.

E. Dupuy : *Poètes et Critiques*. Paris, Hachette, 1913, in-18.

Paul Escoube : *Préférences*. Paris, Mercure de France, 1913, in-18.

Anatole France : *La Vie Littéraire, 3e série*. Paris, Calmann-Lévy, 1891, in-18.

René Ghil : *Les Dates et les Œuvres* (*Symbolisme et poésie scientifique*). Paris, Crès, 1923, in-18.

Cet ouvrage contient une lettre de Paul Verlaine à René Ghil, non recueillie dans la *Correspondance*.

Remy de Gourmont : *Le Livre des Masques*. Paris, Soc. du Mercure de France, 1896, in-18; *Promenades littéraires*, I, Paris, Soc. du Mercure de France, 1904, in-18.

Hommage à Verlaine. Paris, Messein, 1910, in-4°.

Hommages de St. Mallarmé, G. Rodenbach, J. Moréas, L. Dierx, R. Arcos, H. Bataille, R. Bizet, E. Blémont, G. Chennevière, P. Claudel, E. Cottinet, M. Dalti, M. Dauguet, L. Delarue-Mardrus, E. Devérin, Ch. Dornier. M. Elskamp, G. Duhamel, A. Fontainas, P. Fort, E. Gazanion, V. Gille, R. de Gourmont, F. Gregh, A. Hennequin, F. Hérold, E. Hinzelin, Fr. Jammes, E. Jaubert, G. de Lacaze-Duthiers, R. de la Tailhède, A. Lebey, L. le Cardonnel, S. Ch. Leconte, M. Luguet, C. Mauclair, E. Micholet, A. Mockel, R. de Montesquiou-Fezensac, Ch. Morice, G. Mourey, J.-A. Nau, comtesse de Noailles, J. Perdriel-Vaissière, E. Pilon, G. Périn, G. Pioch, M. du Plessys, P. Quillard, E. Raynaud, H. de Régnier, J. Romains, J. Royère, Saint-Georges de Bouhélier, V. de Saint-Point, Saint-Pol-Roux, A. Salmon, F. Séverin, P. Souchon, R. de Souza, L. Tailhade, E. Verhaeren, Fr. Viélé-Griffin, Ch. Vildrac, R. de la Villehervé, T. de Visan.

Jules Huret : *Enquête sur l'Evolution littéraire*. Paris, Charpentier, 1891, in-18.

Gustave Kahn : *Symbolistes et décadents*. Paris, Messein, 1902, in-18.

Albert Lantoine : *Paul Verlaine et quelques autres*. Paris, Direction du Livre mensuel, 1920, in-16.

Jules Lemaitre : *Nos Contemporains*, 4e série. Paris, Lecène et Oudin, 1889, in-18.

Edmond Lepelletier : *Paul Verlaine et son œuvre*. Paris, Mercure de France, 1907, in-8°.

Outre un sonnet publié dans le *Parnasse contemporain* de 1867 sous le titre : *Vers dorés* : L'art ne veut pas de pleurs, etc..., on trouve dans cet ouvrage trois autres poèmes non recueillis dans les *Œuvres Complètes*, savoir :

I. *Aspiration* (10 mai 1861) :

Cette vallée est triste et grise : un froid brouillard...

II. *Un soir d'octobre* (10 octobre 1862) :

L'automne et le soleil couchant ! Je suis heureux !

III. *Fadaises* (21 juillet 1861) :

Daignez souffrir qu'à vos genoux, Madame...

G. Longhaye : *Le dix-neuvième siècle. Esquisses littéraires et morales*. Troisième période. Paris, Retaux, 1905, in-8°.

Stéphane Mallarmé : *Divagations*. Paris, Fasquelle, 1897, in-18.

Pierre Martino : *Verlaine*. Paris, Boivin et Cie, 1924, in-16.

Adrien Mithouard : *Paul Verlaine ou le scrupule de la Beauté*. Paris, Spectateur catholique, 1897, in-8°.

Charles Morice : *Paul Verlaine, l'Homme et l'Œuvre*. Paris, Vanier, 1888, in-8° ; Discours de Ch. Morice au Banquet des amis de P. Verlaine pour le quinzième anniversaire du Poète. Paris, Messein, 1911, in-18.

L.-G. Mostrailles : *Têtes de pipes*. Paris, Vanier, 1885, in-8°.

Harold Nicholson : *Paul Verlaine*. Londres, Constable, 1921, in-8°.

J. Pacheu : *De Dante à Verlaine. Etudes d'idéalistes et de mystiques*. Paris, Plon, 1897, in-18.

Ernest Raynaud : *La Mêlée symboliste*. Paris, La Renaissance du Livre. Première série, 1918. Deuxième série, 1920. — Voir du même : *Souvenirs de Police*. Paris, Payot, 1924, in-18.

F. Régamey : *Verlaine dessinateur*. Paris, Floury, 1896, in-4°.

Adolphe Retté : *Le Symbolisme. Anecdotes et souvenirs*. Paris, Messein, 1903, in-18.

G. Rodenbach : *L'Elite*. Paris, Fasquelle, 1899, in-18.

A. Séché et J. Bertaut : *La Vie anecdotique et pittoresque des grands écrivains. Paul Verlaine*. Paris, Michaud, 1909, in-16.

Henri Strentz : *Paul Verlaine. Son œuvre*. Paris, Editions de la Nouvelle Revue critique, 1925, in-8°.

Arthur Symons : *The Symbolist movement in Litterature*. London, W. Heinemann, 1899, in-8°.

Jules Tellier : *Nos Poètes*. Paris, Despret, 1888, in-18.

Georges A. Tournoux : *Bibliographie Verlainienne*. Paris, Crès, 1911, in-8°.

M. Vincent : *Conférence sur Verlaine*. Nantes, Imprimerie L Mellinet, 1896, in-18.

P. Wiegler : *Baudelaire et Verlaine*. Berlin, Behr, 1900, in-8°.

Philippe Zilcken : *Souvenirs*, I. Paris, Floury, 1900, in-8°.

Émile Zola : *Nouvelle Campagne* (critique littéraire). Paris, Charpentier, 1897, in-18. [Cf. *Le Solitaire*.]

II

PÉRIODIQUES

G.-Jean Aubry. *Paul Verlaine et l'Angleterre.* Revue de Paris, 15 octobre-1er décembre 1918.

J. Barbey d'Aurevilly : *Les trente-sept médaillonnets du Parnasse contemporain.* Nain jaune, novembre 1866.

Maurice Barrès : *Les Funérailles de Verlaine.* Figaro, 10 janvier 1896.

Maurice Baud : *Souvenirs sur Verlaine.* « Cahiers Vaudois », 2e série, n° XIII, Lausanne, s. d.

J. Bourguignon et Ch. Houin : *Verlaine professeur.* Revue d'Ardennes et d'Argonne, mars-avril 1887.

P. Bernard : *Paul Verlaine. Le Roi des Bohêmes.* Les Études, 20 juin, 5 et 20 juillet 1911.

Thomas Braun : *Paul Verlaine en Ardennes.* Marches de l'Est, tome I, n° 4, 1910.

F.-A. Cazals : *Paul Verlaine intime.* The Senate, février 1897.

André Gide : *Verlaine et Mallarmé*, conférence faite au théâtre du Vieux-Colombier, le 22 novembre 1913. La Vie des Lettres, avril 1914.

Jules Lemaitre : *Paul Verlaine et les poètes symbolistes et décadents.* Revue Bleue, 7 janvier 1888.

ARMAND LODS : *Les premières éditions de Verlaine*, Mercure de France, 15 octobre 1924.

J. MARSAN : *P. Verlaine et son médecin*. Mercure de Fr., 1er juill. 1925.

CHARLES MAURRAS : *Paul Verlaine. Les époques de sa poésie*. Revue encyclopédique, 1er janvier 1895.

FRANÇOIS MONTEL : *Bibliographie de Paul Verlaine*. Bulletin du Bibliophile. Paris, juillet-novembre 1924.

LOUIS PIÉRARD : *Paul Verlaine à la prison de Mons*. La Grande Revue, 10 avril 1910.

ADOLPHE RETTÉ : *Paul Verlaine*. La Plume, 1er février 1896.

JEAN RICHEPIN : *Conférence sur Paul Verlaine*. Journal de l'Université des Annales, mai 1908.

G. STIEGLER : *Paul Verlaine. Derniers moments*. Echo de Paris, 10 janvier 1896.

ANDRÉ SUARÈS : *Remarques*, V. Nouvelle Revue française, décembre 1917.

ARTHUR SYMONS : *Paul Verlaine*. National Review (Londres), juin 1892, traduit en partie dans le « Mercure de France » juillet 1892 ; *Les «Invectives » de Paul Verlaine*. The Savoy (Londres), n° 7, novembre 1896 ; *Etude*. The Saturday Review (Londres), février 1897.

LAURENT TAILHADE : *Petits Mémoires de la vie littéraire. Paul Verlaine*. La Plume, 15 novembre 1894. *Souvenirs inédits sur Paul Verlaine* Petite Revue, 15 juin 1907. *Les Carnets de Stéphane Baillehache*. Akademos, 15 janvier 1909.

GABRIEL VICAIRE : *Paul Verlaine*. Revue hebdomadaire, 21 avril 1894.

Waclaw Lieder : *Erinnerung an Paul Verlaine.* Blätter für die Kunst (Berlin), 1895, 3e série, 2e vol.

W.-B. Yeats : *Verlaine in* 1894. The Savoy (Londres), n° 2, avril 1896.

La France scolaire, n° 27. (Anecdotes et documents sur P. Verlaine, à propos de sa vie à Londres.) Paris, Bibliothèque de l'Association.

Demain, journal hebdomadaire, 19 janvier 1896, (numéro spécial sur P. Verlaine).

Revue Encyclopédique, 25 janvier 1896, (numéro spécial sur P. Verlaine).

L'Ermitage, février 1896, (numéro spécial sur P. Verlaine).

La Plume, 1er février 1896, (numéro spécial sur P. Verlaine).

Le Procope, février 1896, (numéro spécial sur P. Verlaine).

Jugend (Munich), février 1896, (numéro spécial sur P. Verlaine).

Belles-Lettres, janvier 1921, (numéro spécial sur P. Verlaine).

Hommage à Verlaine, recueil collectif de poèmes et discours prononcés aux cérémonies annuelles du jardin du Luxembourg de 1921 à 1924. Paris, Delesalle, 1924, in-16.

On consultera de plus, les catalogues de vente, et, en particulier, ceux qui nous fournissent des sources de renseignements, ou des fragments de lettres de Paul Verlaine. Parmi ceux-ci, citons :

Catalogue de la bibliothèque de Pierre Dauze, première partie, Paris, Leclerc et Blaisot, 1914, in-8° ; *Catalogue de la vente Le Petit*, Paris, 1918, in-8° ; *Catalogue des lettres autographes composant le cabinet de M. Jules Claretie*, Paris, Charavay, 1918, in-8° ; *Catalogue de la collection Latombe*, Paris, Leclerc, 1921, in-8° ; Préface de Fernand Vanderem ; *Catalogue des livres provenant de la bibliothèque de M. Fernand Vanderem*, Paris, Leclerc, 1921 ; *Catalogue de la vente de la bibliothèque Robert de Montesquiou*, Paris, Escoffier, avril 1923 ; *Autographes et documents* (*mis en vente par la librairie Simon Kra*), Paris, 15 avril 1924 ; *Catalogue des livres illustrés par Daragnès*, Paris, Andrieux, 1924 ; *Bibliophilie*, fascicule de décembre 1924, publié par MM. Helleu et Sergent et contenant l'indication de trente lettres inédites de Verlaine ; enfin, divers catalogues d'autographes de la librairie Charavay.

V

ICONOGRAPHIE

I

ICONOGRAPHIE PAR NOMS D'AUTEURS

And. Alexandrowitch.

Lithographie, appartenant à M. Albert Messein.

Aman-Jean.

Portrait à l'huile (Hôpital Broussais, 1892). Ce portrait est actuellement au Musée de Metz.

Lithographie (Hôpital Broussais), parue dans « l'Artiste » de janvier 1896.

Anquetin.

Dessin au crayon, reproduit en hors-texte dans l'Edition originale des *Confessions* (« Fin de siècle », 1895).

Barbey.

Dessin inédit, d'après une photographie de Dornac. (Appartient à M. Maurice Monda.)

Baud (Maurice).

Portrait, gravé d'après le dessin de F.-A. Cazals, représentant Verlaine à Broussais. Ce portrait a été exécuté pour le frontispice de *Dédicaces* (1890).

Gravure sur bois, d'après le dessin de David Estoppey, paru en hors-texte dans *Paul Verlaine*, par Charles Morice (Vanier, 1888).

BAUDIER (PAUL).

Portrait, gravé sur bois de Verlaine et d'un de ses élèves, d'après une photographie faite à Bournemouth par un élève de l'institution Aloysius. Ce portrait a paru en frontispice des *Romances sans Paroles*, dans la collection des « Maîtres du Livre » (Paris, Crès, 1924).

BEERBOHM (MAX).

Portrait-charge de Verlaine, dans The Poet's Corner, London. W. Heinemann, 1904 (1877-1878). Verlaine répétiteur dans un collège privé à Bournemouth.

BERNARD (P.).

Photographie, faite en juillet 1889, à Rethel. (Appartient à M. Camille Bloch.)

BERRICHON.

Voyez : Paterne Berrichon.

BONNET (GUSTAVE).

Portrait, paru en hors-texte dans *Paul Verlaine et ses contemporains, par un témoin impartial* (1897). Paris, Bibliothèque de l'Association.

BRIÈRE (ALBERT).

Dessin à la plume, paru dans « La Cloche » du 1er septembre 1893. Ce dessin porte la dédicace suivante : « A l'ami Georges Elcar, un Verlaine à la terrasse du François Ier ». *Albert Brière.*

CARJAT.

Paul Verlaine à 26 ans (Photographie), parue dans « La Plume », du 1er au 28 février 1896 et dans *Les Confessions*. Édition de « La Plume » (1899).

CARRIÈRE (EUGÈNE).

Portrait à l'huile, ayant appartenu à Jean Dolent et actuellement au Musée du Luxembourg.

Ce portrait gravé en taille-douce et publié en frontispice dans l'édition du *Choix de Poésies*, Paris, Fasquelle, 1891, a été reproduit de nombreuses fois, en lithographie, gravure sur bois, clichés, etc... [Il existe, un autre portrait quelque peu différent, exécuté par le même artiste, en lithographie]

CAZALS (F.-A.).

1888. — *Portrait*, dessin original (A Paul Verlaine, affectueusement, novembre 1888).

Portrait inachevé, 1888, paru dans *Verlaine et ses portraits*.

1889. — *Croquis* pour les *Romances sans Paroles*.

Portrait, publié dans la « Revue d'aujourd'hui ».

Dessins, sur une feuille d'admission à l'hôpital.

Verlaine en mandarin, sans barbe ni moustaches et *Verlaine à Broussais* (août 1889) parus dans *Verlaine et ses portraits*.

1890. — *Dessin*, tiré en bistre, d'après le tableau du Luxembourg, pour *Mes Hôpitaux*. Ce dessin est accompagné du quatrain suivant, également reproduit en bistre :

La misère et le mauvais œil,
Soit dit sans le calomnier,
Ont fait à ce monstre d'orgueil
Une âme de vieux prisonnier.

PAUL VERLAINE.

Verlaine de profil; Verlaine en bonnet de coton; Verlaine à Broussais. (Musée du Luxembourg.)

Croquis, parus dans le « Courrier Français », tous reproduits dans « La Plume », 1er au 28 février 1896.

Verlaine à Broussais, reproduit dans « Jugend », février 1896.

Dessin pour *Dédicaces* (gravé par Baud).

Portrait. Col relevé.

Dessin. (Mais moi, je vois la vie en rouge).

Dessin. (L'oubli qu'on cherche en des breuvages exécrés).

Dessin. Verlaine lisant (« La Plume », 1896).

Croquis de Verlaine, vu de dos, et se dirigeant vers un café.

Croquis (Ah! si je bois, c'est pour me saouler, non pour boire).

Croquis (Oui, je veux marcher droit et calme dans la vie!)

Croquis (Moi, ma gloire, n'est qu'une humble absinthe éphémère).

Croquis (Dieu des humbles, sauvez cet enfant de colère).

Dessin, publié par le « Messager Français ». Verlaine à Moréas : « Et moi aussi j'ai brisé le vers. »

Petit croquis, illustrant « Les Bigorneaux de la Rénovation poétique ».

Dessin en pointillé (Verlaine au Café Voltaire).

Grand portrait de trois quarts, en buste.

1892. — *Portrait*, dans *Les Soirées de la Plume*, par Maillard.

Portrait, dans « La Plume » (15 juin 1892).

Portrait. Verlaine coiffé d'un feutre, tenant dans la main gauche une longue pipe. Ce dessin, publié dans *Verlaine et ses portraits*, est accompagné de quatre vers extraits d'une chanson de Cazals : *Le Rhum et eau du Troubadour.*

1893. — *Invitation au 8e Banquet de « La Plume ».* (Verlaine et Mallarmé en faunes).

Verlaine à Broussais (le poète dort). Dessin donné par Verlaine au Dr E. de Massary, après une opération. Ce document a été reproduit dans le Supplément du *Figaro* du 7 avril 1923.

Verlaine entrant au Procope.

Verlaine marchant. Lithographie en bistre.

Verlaine dans son lit à l'hôpital. Portrait pour *Mes Hôpitaux.*

Croquis (extemporain) publié dans « La Cloche », septembre 1893.

Verlaine au café. (Le poète est endormi.)

Verlaine à l'Hôtel de Lisbonne.

1894. — « *L'Hôpital chez Soi* ». *Dessin* ayant appartenu au Roi Milan et acquis par M. Maurice Monda.

Ce dessin porte le quatrain autographe suivant :

Plus d'infirmière, d'infirmier.
Je suis un malade modèle
Qui fume à l'aise sa gambier
Et ma jambe reste fidèle !

P. V.

Dessin pour le Congrès des Poètes, de G. Docquois.

Dessin pour l'Affiche du Salon des Cent (*Verlaine et Moréas*).

Croquis pour *Epigrammes.*

Lithographie, tirée à 50 exemplaires sur Japon. *Verlaine vu de dos. Verlaine vu de face.* Estampage de A. Charpentier. Quelques épreuves sont rehaussées de crayon rouge.

Verlaine dormant au Café Procope. Aquarelle (13 novembre 1894).

1895. — *Verlaine à Londres. Lithographie*, publiée dans « L'Épreuve ».

Verlaine à Londres. Dessin, paru dans « La Plume ».

1896, 9 janvier. — *Verlaine mort*, cravaté de noir, publié dans « L'Écho de Paris ». Appartient à M. Louis Michaud.

9 janvier. — *Dessin*, publié dans « La Plume » (février 1896).

Verlaine mort (11 heures du soir), publié dans « Jugend » (février 1896).

Verlaine mort (jeudi matin), publié dans « Jugend » (février 1896).

Couverture du numéro de « La Plume » (février 1896).

Les Sanglots longs. Dessin, représentant la lisière d'un bois. Verlaine marche vu de dos, assurant son chapeau de son poing. Publié dans *The Senate* et en hors-texte dans *Verlaine et ses portraits*.

Petit frontispice pour *Verlaine-Rops*. Plaquette éditée par l'École Estienne, tirée à 33 exemplaires réservés aux admirateurs et aux amis de Paul Verlaine.

Croquis, pris le 9 janvier, pendant l'opération du moulage.

Projet de fresque (en collaboration avec Paterne Berrichon).

Dessin, reproduit en hors-texte dans *Les derniers jours de Paul Verlaine*, par F.-A. Cazals et Gustave Le Rouge.

Verlaine couché et écrivant (Musée de Nancy). Il faut encore signaler du même artiste, une foule de dessins parus dans « *La dernière Bohême* » par Lucien Aressy et des croquis originaux appartenant à MM. Jean Bourguignon, conservateur de la Malmaison, le professeur Chauffard, Georges-Emmanuel Lang, Maurice Monda, etc.

A citer, en outre, le curieux album publié l'année de la mort du poète :

Paul Verlaine et ses portraits, Paris. Bibliothèque de l'Association, 1896, in-8°. Préface de Huysmans. Lettres de Rops. Ernest Delahaye, H.-A. Cornuty. — Autographe de Verlaine. — Tirage comprenant : 472 exemplaires, in-8° jésus, sur papier couché à 3 francs ; 105 exemplaires, in-4° raisin, sur Hollande à 10 francs ; 53 exemplaires, in-4°, cavalier, sur japon à 20 francs ; 7 exemplaires à grandes marges, sur chine à 25 francs et 3 exemplaires, sur papier à la main des papeteries d'Arches, contenant des autographes de Verlaine et des états, remarques et originaux de l'artiste, à 100 francs. — Cet album reproduit les dessins suivants :

1. *Verlaine au café, dormant.*
2. *Bournemouth*, 1876.
3. *Tête de Verlaine à l'Hôpital.*

Tête de Verlaine, extraite de l'Affiche du Salon des Cent.

Verlaine, croquis, extrait de l'Affiche du Salon des Cent.

Croquis, représentant Verlaine (1892). Au-dessous quelques vers extraits d'une chanson de F.-A. Cazals (*Le Rhum et eau du Troubadour.*)

Paul Verlaine à Londres, (1894).

Croquis. Tête de Verlaine, (1894).

Portrait de Verlaine à Broussais (août 1889).

Verlaine à 15 ans. Croquis d'Ernest Delahaye.

Verlaine à 25 ans. Croquis d'Ernest Delahaye.

Verlaine à Fampoux (septembre 1869). Croquis d'Ernest Delahaye.

Verlaine, croquis. Paris, 1894.

Portrait inachevé (1888).

Les sanglots longs.

Verlaine marchant.

Verlaine de dos.

Verlaine couché (1894), extrait du « Senate ».

Verlaine mort (9 janvier midi, publié par « Jugend », février 1896.

Petit croquis, Verlaine de profil.

Paul Verlaine et Marie Krysinska à l'Hôpital Saint-Antoine.

CHANTALAT.

Portrait à l'huile. (Musée du Luxembourg.)

CHAPRONT (HENRY).

Eau-forte, pour illustrer un volume qui n'a jamais paru.

Bois, pour le même ouvrage.

CHAVERNI.

Croquis, d'après Cazals, paru dans « La Cloche » du 1er septembre 1893.

COHL (EMILE).

Caricature de Paul Verlaine, pour « Les Hommes d'aujourd'hui ».

Croquis, paru dans « Lutèce », numéro du 15 au 22 juin 1884 (*Les Victimes du Devoir*).

Photographie, parue dans *Têtes de pipes*, par Mostrailles (Paris, Vanier, 1885).

COMPÈRE (MARCEL).

Maquette d'un buste de Verlaine, appartenant à M. Maurice Monda. Cette maquette a été reproduite dans le « Supplément du Figaro » du 7 janvier 1923.

CROS (HENRY).

Dessin au crayon, reproduit dans « Paul Verlaine », par A. Séché et J. Bertaut.

Croquis, portant cette dédicace : A Paul Verlaine, son ami. Henry Cros.

CURILLON (P.).

Buste, reproduit dans « Les Maîtres de la Plume » du 15 août 1923. (Appartient à l'artiste.)

CUZA (A. DE (?).

Portrait au crayon (septembre 1895). Verlaine est coiffé d'une calotte et, malgré la date, semble fort jeune.

DELAHAYE (ERNEST).

Croquis, représentant Rimbaud, Verlaine, Germain Nouveau et Ernest Delahaye (Départ de Rimbaud).

Dessin à la plume, « Verlaine aux champs », reproduit dans *Verlaine intime*, par Ch. Donos.

Dessin à la plume, « Verlaine éleveur, à Coulommes, 1878 », reproduit dans le même ouvrage.

Dessin à la plume, « Verlaine cultivateur, à Coulommes ».

Dessin à la plume, « Verlaine apprenti papa » (1878).

Dessin à la plume, « Verlaine émule de François Ier » (1878).

Croquis à la plume, paru dans la « Revue Hebdomadaire », du 11 février 1922.

Croquis à la plume, « Verlaine vers 1880 » (appartient à M. Maurice Monda).

La pêche à la ligne, *croquis* paru dans *Verlaine intime*, par Ch. Donos.

Verlaine à 15 ans, croquis paru dans *Verlaine et ses portraits*.

• *Verlaine à 25 ans*, croquis paru dans *Verlaine et ses portraits*.

Des Gachons (André).

Portrait de Verlaine, tiré en hors-texte sur Chine pour les *Romances sans Paroles*. Edition nouvelle (Paris, Léon Vanier, 1887).

Desprez (Gaston).

Cire, exposée au Salon de 1922, et reproduite à 10 exemplaires.

Dornac.

Photographie. — Verlaine au café François 1er (28 mai 1892), reproduite dans « La Plume », 1er au 28 février 1896.

Photographie. — Verlaine au café, reproduite dans la « Revue Illustrée », 1896.

Ducrocqui

Dessin à la plume (1895), ayant appartenu à Robert de Montesquiou, reproduit dans « La Plume », du 1er au 28 février 1896.

Fau (Fernand).

Croquis, pour invitation au dîner de « La Plume », du 6 décembre 1892. Paru dans « La Plume », 1er décembre 1892.

Fantin-Latour.

Le Coin de table, peinture, représentant Pierre Elzéar, Emile Blémont, Jean Aicard, Paul Verlaine, Arthur Rimbaud, Léon Valade, Ernest d'Hervilly et Camille Pelletan. Se trouve au Musée du Louvre. Le portrait de Verlaine, extrait de ce tableau, a été tiré à part, et figure en hors-texte, sur Chine, dans les *Fêtes Galantes*. (« Les Manuscrits des Maîtres », Paris, A. Messein, 1920).

Fenlein (J.).

Dessin au crayon (1895), représentant Verlaine dormant, paru dans le « Procope », de février 1896. Audessous du portrait, on lit ce dernier vers de Paul Verlaine :

La mort que nous aimons, que nous eûmes toujours

Frédillo.

Eau-forte, représentant Verlaine à l'Hôpital, d'après un dessin de Graverolle.

Grande planche gravée à l'eau-forte, représentant Verlaine en moine, puis assis dans un fauteuil, regardant Philomène se déshabiller, puis couché avec Eugénie. Un buste de Verlaine est également représenté au milieu d'une danse de faunes. Un grand V occupant le milieu de l'eau-forte renferme entièrement gravés dans ses deux branches deux passages des *Amies : Filles* dédiés, l'un à Eugénie, l'autre à Esther.

Furse (Charles W.).

Dessin à la mine de plomb, représentant Verlaine faisant une conférence à Londres. (Appartient à Miss Jane Harrisson, à Cambridge.)

Gaillerand.

Médaillon plâtre (1896).

Gallien (A.-P.).

Bois gravé, d'après le portrait par Carrière, tiré à 200 exemplaires sur Japon.

Reproduit dans *La Vie des Lettres et des Arts, n° XI*, et en hors-texte dans « La Dernière Bohème », par Aressy.

Gaspari (De).

Buste en plâtre. Exposé aux Artistes Français (1893). Reproduit en lithographie, par Ch. Decaux, dans le « Courrier Français ».

Gerschel.

Photographies (2 poses). Verlaine assis, son chapeau à la main; l'une de face, l'autre de trois quarts.

Gilbert (René).

Pastel, appartenant à Mme Segond-Weber et fait à l'insu du poète en 1894.

Ce pastel a été reproduit dans « Les Maîtres de la Plume », du 1er janvier 1924.

Graverolle.

Verlaine à l'hôpital.

P. Verlaine à l'Hôpital Broussais, aquarelle reproduite en hors-texte dans *Verlaine et ses portraits* (1896). — pour les exemplaires sur Chine seulement.

Entre le lys et la rose, aquarelle symboliste, reproduite dans la « Revue Encyclopédique », du 18 janvier 1896.

GUSMAN (P.).

Vignette. Bois gravé pour le Catalogue de la première vente Robert de Montesquiou. (M. Escoffier, éditeur.)

HAYET (L.).

Portrait, tiré sur Japon, portant cette dédicace : « Au Poète P. Verlaine », 1892, L. Hayet. Reproduit dans *Liturgies Intimes*, édition originale, Saint-Graal, 1892.

KERR LAWSON (J.).

Dessin à *la mine de plomb.* (Appartient à M. W. Heinemann.)

LA GANDARA (ANTONIO DE).

Lithographie, tirée à quelques exemplaires sur papier pelure. Verlaine est assis, les deux mains appuyées sur la poignée de sa canne.

(Reproduite dans la « Revue Encyclopédique, » du 25 janvier 1896.)

LA JEUNESSE (ERNEST).

Croquis, paru dans *Les Nuits, les ennuis et les âmes de nos plus notoires Contemporains.* (Nouvelle édition accrue d'un avant-propos et de soixante croquis de l'auteur), Paris, Perrin, 1913.

LANGLOIS (FERNAND).

Lithographie. Profil, (Verlaine est vêtu d'une pelisse).

LEBÈGUE (LÉON).

Portrait de P. Verlaine, « La Plume », 1er nov. 1893.

LEFEBVRE (LÉON).

Portrait, paru dans « La Vogue », du 18 avril 1886.

LEGRAND (NOÉ).

Verlaine sur son lit de mort, dessin paru dans « L'Ermitage » (février 1896).

LOEVY (LADISLAS).

Verlaine sur son lit de mort (9 janvier 1896), croquis à la plume, appartenant à M. François Montel (M. Armand Lods en possède une réplique).

Portrait à la pointe sèche (collection Joly).

Portrait à la petite figure (collection Joly).

Eaux-fortes avant et après la lettre. Quelques exemplaires ont été tirés sur papier à chandelle, avant toute lettre.

Paul Verlaine sur son lit de mort, dessin d'après une photographie, publié dans la « Revue Encyclopédique », du 25 janvier 1896.

Paul Verlaine, portrait, figurant en hors-texte dans l'Édition originale de « Dans les Limbes », Paris, Vanier, 1894.

LUQUE (M.).

Paul Verlaine, dessin, d'après une photographie par Allevy pour « Les Poètes Maudits ». Nouvelle Édition (Vanier, 1888).

Petit Croquis, représentant « Saint-Verlaine » dessiné pour le numéro des « Hommes d'aujourd'hui » consacré à Anatole Baju.

MÉONI.

Masque de Verlaine, moulé par Méoni.

Reproduit à 50 exemplaires numérotés, et offerts aux

amis du Poète. L'épreuve initiale a été donnée au Musée Carnavalet et le moule a été détruit. Aucun masque n'a été mis en vente. M. Paul Vérola avança la somme nécessaire à l'exécution des 50 exemplaires de ce moulage. (Cf. *Derniers jours de Verlaine*, par F.-A. Cazals et Gustave Le Rouge. Paris, Mercure de France, 1911). Voic les noms des personnes auxquelles une reproduction fut attribuée :

MM. le Ministre de l'Instruction publique et des Beaux-Arts (Emile Combes), Georges Verlaine, Stéphane Mallarmé, Henry Roujon, Jean Moréas, Paul Vérola, Ernest Delahaye, J.-K. Huysmans, Charles de Sivry, Robert de Montesquiou, Henry Baüer, Edmond Lepelletier, Armand Silvestre, Maurice Barrès, Raymond Poincaré, F. de Zépelin, Catulle Mendès, Raoul Ponchon, François Coppée, Jean Richepin, Henry Cros, Auguste Rodin, Laurent Tailhade, Alphonse Humbert, Gabriel Vicaire, Mme Rachilde, Albert Mérat, Félix Fénéon, Jean Lorrain, Félicien Rops, Dr Chauffard, Jean Jullien, G. Le Rouge, L. Jacquemin, Léon Dierx, H.-E. Angers, Paterne Berrichon, Jean Court, Jean Bourguignon, H. Vernot, Niederhausern, Fernand Clerget, P.-P. Plan, M. du Plessys, L. Crammer, Byng, Adrien Mithouard et Lucien Hubert.

Stéphane Mallarmé et Jean Moréas n'acceptèrent pas le masque qui leur était destiné et deux exemplaires furent cassés par accident.

Neumont (Maurice).

Dessin, paru dans la « Revue Illustrée » (1896). Verlaine est étendu sur un divan.

NIEDERHAUSERN (RODO).

Monument du Luxembourg.

Un premier projet dont la maquette appartient à M. Albert Messein ne fut pas exécuté, seuls quelques moulages du buste furent reproduits et mis en vente. Des photographies de la première maquette, du buste seulement, existent dans la collection Druet. Un exemplaire en a été reproduit dans *Akademos*, 1909.

Il existe de plus au Mercure de France, une réduction de ce premier projet.

OTTO.

Photographies, 6 poses (1893). Savoir.

I, II. *Verlaine revêtu d'une pelisse et coiffé d'un haut de forme* (2 poses).

III. *Verlaine profil avec pelisse.*

IV. *Verlaine trois quarts.*

V et VI. *Verlaine avec un cache-nez* (2 poses).

OUVRÉ (ACHILLE).

Bois gravé, d'après une photographie de Verlaine, par Otto.

PAILLET (EDOUARD).

Bois gravé, d'après une photographie d'Otto.

PAJOT.

Eau-forte, d'après le portrait par Eugène Carrière.

PATERNE BERRICHON.

Croquis au crayon, reproduit dans « La Plume » du 1er au 28 février 1896.

Dessin, d'après un buste par Rodo-Niederhausern, publié dans *Les Derniers jours de Paul Verlaine.*

PEARON.

Caricature ancienne. Lithographie représentant Verlaine en 1867, au moment de l'apparition des *Poèmes Saturniens*. Il traverse un cirque apocalyptique monté sur un Pégase squelette. Cette lithographie communiquée par M. Pochet a été reproduite dans « La Plume », numéro du 1er au 28 février 1896.

Dessin au crayon (17 mars 1869), reproduit dans *Verlaine intime,* par Charles Donos. Ce dessin, gravé par Georges Aubert, a paru également, en hors-texte, sur divers papiers, dans *Amour*, Collection des « Maîtres du Livre ».

PERRICHON (G.-L.).

Portrait de Verlaine gravé sur bois et destiné à paraître dans *Sagesse* (édition Helleu et Sergent).

Une reproduction de ce portrait a paru dans « Le Quotidien » du 16 juin 1923 (article de Gustave Kahn).

LE PETIT.

Dessin, appartenant à M. Joseph Canqueteau.

RANFT (RICHARD).

Dessin, représentant Verlaine couché et soutenu par une Muse ailée. Publié dans *Biblio-Sonnets* (Paris, Floury, 1913). Ce dessin est également reproduit dans la suite sur Chine qui est à la fin du volume.

REDON (GEORGES).

Paul Verlaine à l'hôpital, dessin paru dans le « Rire » du 12 janvier 1895 et reproduit dans *Montmartre*, par Georges Renault et Henri Château (Paris, Ernest Flammarion).

RÉGAMEY (FÉLIX).

Verlaine et Rimbaud à Londres, dessin à la plume. Croquis paru dans *Verlaine dessinateur* (Paris, Floury, 1896).

Verlaine (London, oct. 72). Paru dans le même ouvrage.

Verlaine à 25 ans (Dîner des « Vilains Bonshommes »). Paru dans le même ouvrage.

Profil en noir. Petit frontispice, sur le titre de ce volume.

RICTUS (JEHAN).

Croquis à la plume, fait de mémoire sur un exemplaire des *Cantilènes du Malheur*, appartenant à M. Maurice Monda.

ROTHENSTEIN (WILLIAM).

Trois dessins exécutés à l'hôpital Broussais (1885).

I. *Tête, pastel* (« Pall Mall Budget ». du 23 novembre 1893 et « La Plume », février 1896). Verlaine aimait ce portrait reproduit au-dessus de son lit, rue Saint-Jacques (l'original appartient à M. Frank Harris). Il existe une réplique de ce dessin.

II. *Tête. pastel* (en tête de l'ouvrage de M. W. Thorley : Londres, Constable, 1914). Appartient à M. Jessop.

III. *Tête.* (Appartient à M. John Lane).

Quatre dessins :

I. *Mine de plomb...* (Appartient à M. W. Heinemann).

Les trois autres dessins sont reproduits dans : Paul Verlaine. Three Drawings ou lithog. paper by W. Rothenstein, etc. Petit in-fol., s. d. (août 1898).

Médaillon de bronze (1898).

SCHWABE.

Plaquette en bronze, éditée par Canale.

SÉGOFFIN.

Buste en plâtre.

STEINLEN.

Dessin, paru dans le « Gil Blas Illustré » du 22 juillet 1894, pour illustrer : *Le Chant de la pluie.* (Musique d'Anatole Lancel.) Ce dessin a été reproduit en bleu, sur la couverture de ladite chanson, éditée par G. Ondet, ainsi que dans la revue *Belles Lettres* (janvier 1921, numéro consacré à Verlaine).

Dessin, paru dans le « Gil Blas Illustré » du 3 février 1895, pour illustrer : *Galanterie.* (Musique de Gaston Delétré.)

TRICOT (EDJI).

Bois, paru dans « Les Loups », numéro consacré à Paul Verlaine. Quelques épreuves ont été tirées à part. Ce bois a été reproduit dans *Masques et Visages*, du 18 mai 1912.

TRIQUIGNEAUX (LOUIS).

Dessin à la plume, paru dans *Portraits d'hier*, le 15 novembre 1909.

TRUCHET (ABEL)

Suite de six Eaux-fortes, pour illustrer *Femmes*. Ces eaux-fortes n'ont été tirées qu'à peu d'exemplaires. Elles sont très licencieuses. (Trois d'entre elles représentent Verlaine.)

VALADON (J.).

Portrait à l'huile (1884), reproduit en hors-texte dans « Paul Verlaine, poète catholique », par Albert de Bersaucourt, gravé par P. E. Vibert. La peinture originale appartient à M. F.-A Cazals.

VALLEZ (ROBERT).

Dessin inédit au crayon noir avec quelques rehauts de crayon rouge. (Verlaine est debout brandissant un bâton dans sa main droite.) Appartient à M. P. Delesalle.

VALLIN (ROBERT).

Croquis à la plume, paru dans la « Cloche », du 1er septembre 1893.

Croquis, paru dans le même numéro. Le poète est coiffé d'un feutre.

VALLOTTON (FÉLIX).

Portrait à l'huile. (Appartient à l'artiste.)

Dessin au crayon, reproduit dans le Supplément du *Figaro* du 7 avril 1923. (Appartient à l'artiste.)

Dessin au crayon, gravé par Genty, reproduit dans la « Revue illustrée » (1890).

Bois, paru dans l' « Art et l'Idée », 20 février 1892.

Bois, paru dans la « Revue Blanche » [*Masque de Verlaine*].

Bois, pour le *Livre des Masques*, de Remy de Gourmont, reproduit sur le titre du volume d'Alphonse Séché et Jules Bertaut, *Paul Verlaine*. Verlaine est coiffé d'un feutre et porte un lorgnon.

Verlaine (Paul).

Verlaine à 5 ans, dessin publié dans *Confessions*. Edition de « La Plume » (1899).

Les « Trois » du dîner des « Vilains Bonshommes » (Verlaine, Valade et Mérat). *Dessin* reproduit dans *Verlaine dessinateur*, par Félix Régamey. Quelques exemplaires sur Japon contiennent ce document en hors-texte, accompagné d'une remarque scatologique.

Verlaine en chérubin, croquis à la plume. « Je maigris de jour en jour », lettre à Ernest Delahaye (1885). Dessin reproduit dans les *Confessions*, 1899, dans « La Plume », etc.

Verlaine couvert d'une calotte, croquis à la plume (1894), reproduit dans Verlaine, par Séché et Bertaut (1894).

Croquis représentant le poète visité par le Dr Chauffard (Lettre à F.-A. Cazals. Broussais, 1893).

Verlaine rêvant d'évasion (Mons, 1874), paru dans, *Verlaine intime*, par Charles Donos.

Ma dernière visite chez Palmé, paru dans le même ouvrage.

Verlaine magistrat, dessin accompagné de ce quatrain :

> Le rouge pinxit et j'ai l'air
> Ici d'un juge peu morose
> Appartenant, œil vif, teint clair
> A la magistrature rose.

Verlaine et Eugénie Krantz, dessin, dédié à Eugénie Krantz et accompagné de ces vers :

> Lorsque nous allons chez Vanier
> Dans un but très problématique
> Tu portes un petit panier...

Verlaine président du Sénat, croquis.

Verlaine portant un panier (Il fait les commissions).

Verlaine à genoux devant Philomène (Londres, 30 novembre 1893).

Une soirée chez Paul Verlaine en 1889. (Rue Royer Collard). Dessin représentant Henry d'Argis, P. Verlaine, G. Vicaire, Sophie Harlay, Rachilde, Laurent Tailhade, Villiers de l'Isle-Adam, Ary Renan, Jean Moréas, Jules Tellier, Paterne Berrichon et F.-A. Cazals. L'original appartient à M. Paul Morisse. On en trouve une reproduction dans le fascicule de *La Plume*, du 1-28 février 1896. Il existe, à notre connaissance, une réplique du même dessin, mais offrant une curieuse variante. Dans ce dernier document, le personnage de Paul Verlaine à été déplacé.

Verlaine lisant une grammaire grecque. Au-dessous cette inscription : *Quelle noble tête, hein?* Publié dans *Documents relatifs à Paul Verlaine*, par Ernest Delahaye (Paris, Maison du Livre, 1919).

Croquis souvenir de la fête d'Arras. « Garçon un omnibus ! » publié dans le même ouvrage.

Mes adieux à Hercule, à M. Ponticus Decroix, publié dans le même ouvrage.

Notre semaine de Pâques en 77, ou du moins je l'espère ! même ouvrage.

Le 1 de la salle Perrot, même ouvrage.

Verlaine couché (lettre à F.-A. Cazals). *Paul Verlaine « passus est delineabat ».*

Verlaine, dessin publié dans *La dernière Bohême*, par Lucien Aressy.

Voir, de plus une foule de croquis représentant le poète, et dessinés par celui-ci dans ses lettres à F.-A. Cazals,

Ernest Delahaye, Ernest Raynaud, Gustave Kahn, Rachilde, L. Vanier, Alphonse Lemerre, docteur Chauffard, docteur de Massary, Emile Blémont, Edmond Lepelletier, Robert de Montesquiou, Gabriel de Yturri, L. Deschamps, Gabriel Vicaire, Jules Claretie, Jules Huret, Armand Gouzien, François Coppée, Charles Morice, Laurent Tailhade, A. Baju, etc., etc.

Verlaine enfant, pastel, signé L. R., reproduit dans la *Revue Encyclopédique* du 18 janvier 1896, et communiqué à cette publication par M. Raymond de la Tailhède, (Publié également dans les *Confessions*, « La Plume », 1899, et dans *Paul Verlaine*, par Alphonse Séché et Jules Bertaut.)

Ajoutons que M. Tristan Bernard possède une réplique de ce pastel, signé par F.-A. Cazals, et portant ce quatrain autographe de la main de Verlaine :

J' fus un bel enfant bleu,
Puis un beau bébé rose.
En ce moment je pose,
Pour me... et nom de Dieu !

P. Verlaine

Verlaine affaissé dans son lit : « Moi, il y a un mois. » (Lettre à Ph. Zilcken, 1892).

Verlaine en conférencier. « A côté de lui, un flacon sur lequel est écrit : *Ce n'est pas du Rhum Saint-Jacques*. » (Lettre à M. Ph. Zilcken, 1892).

Verlaine couché, criant « *Grâce* ». (Lettre à M. Ph. Zilcken, 1893).

Verlaine alité, en bonnet de nuit, fumant sa pipe : « Moi actuel, raconterai dans tel journal la crise où j'ai passé. Crise mortelle. J'ai failli mourir sans m'en douter ».

Dans la fumée de sa pipe :

Quel ennui, quel souci
D'entendre toute la nuit
Les heures, les heures, les heures...

[Vieille chanson française].

(*Lettre à M. Ph. Zilcken.*)

VETH (JEAN).

Portrait de profil. Verlaine écrivant (3 novembre 1892), reproduit dans « La Plume », du 1er au 28 février 1896.

VIBERT (P.-E.).

Portrait gravé pour *Sagesse.* Hors-texte sur vieux Japon. Edition des « Maîtres du Livre ». Paris, Crès, 1911.

Frontispice (*Verlaine en jaune*). Hors-texte, gravé sur bois pour *Parallèlement.* Collection des « Maîtres du Livre ». Paris, Crès, 1914.

Voyez : J. VALADON.

VIBERT (JAMES).

Buste en bronze, destiné à la Ville de Metz, et reproduit en hors-texte dans *Hommage à Verlaine.* Delasalle, 1924. (Exposé au Salon des Tuileries, 1924.)

WARNOD (ANDRÉ).

Croquis, pour *Le Vieux Quartier latin*, par M. C. Poinsot (Paris, Figuière, 1920).

ZILCKEN (PHILIPPE).

Dessin, paru en hors-texte dans *Quinze jours en Hollande.*

Verlaine écrivant. Hélène-Villa. Novembre 1892.

Pointe sèche, d'après un croquis de Toorop. Ce portrait a été reproduit en hors-texte, sur Japon, dans : *Paul Verlaine. Correspondance et documents inédits relatifs à son livre : Quinze jours en Hollande.* La Haye et Paris, 1897, ainsi que dans la deuxième édition de cet ouvrage (Paris, 1922).

ZORN (ANDERS).

Eau-forte. Verlaine en tenue d'hôpital. Reproduit dans le Catalogue de la Vente Robert de Montesquiou et dans *Anders Zorn*, par Romdahl (Paris, Floury, 1924).

II

PHOTOGRAPHIES ET PORTRAITS ANONYMES

Photographie : Paul Verlaine chez lui. Publiée dans la « Revue Encyclopédique » du 18 janvier 1896, avec une dédicace à Léon Vanier.

Photographie de Verlaine (profil), faite en Hollande, par M. Ph. Zilcken. Une épreuve de cette photographie appartient (ainsi que la précédente) à M. Maurice Monda.

Portrait non signé, paru dans « La France Illustrée », février 1896.

Portrait, paru dans « Paris-Journal », 1910. (Article de Charles Morice.)

Portrait de Verlaine (1872-1873), paru dans les *Marches de l'Est*, n° 4, année (1909-1910) pour illustrer « Paul Verlaine dans les Ardennes », par Thomas Braun.

Photographie de Verlaine et d'un de ses élèves, à l'Institution Aloysius, à Bournemouth. (Voyez : Baudier, p. 204.)

Photographie, représentant Verlaine au cours de son voyage en Hollande, en 1892. Le poète est vêtu d'une somptueuse robe de chambre. Cette photographie a été reproduite dans *La Revue hebdomadaire*, du 11 février 1922, d'après une communication de M. Armand Lods.

Photographie de Verlaine, reproduite en héliogravure dans *Paul Verlaine*, par Edmond Lepelletier. (Paris, Mercure de France, 1907).

Photographie. Verlaine en veston bordé, barbe courte, col rabattu, cravate Lavallière.

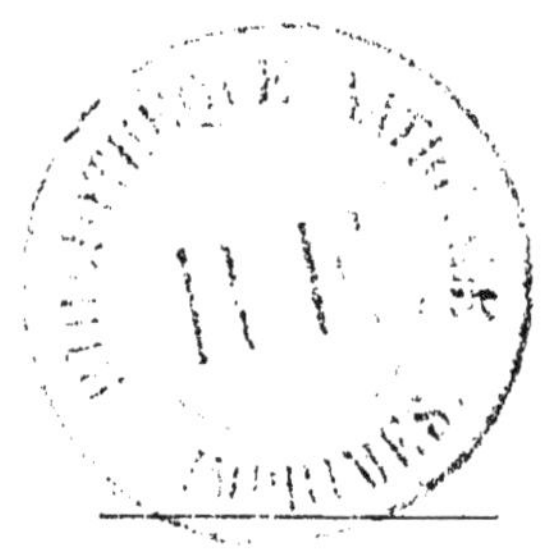

INDEX DES OUVRAGES, DES PIÈCES
ET DES NOMS CITÉS

TABLE DES MATIÈRES

874 — ÉVREUX, IMPR. CH. HÉRISSEY — 3-1926

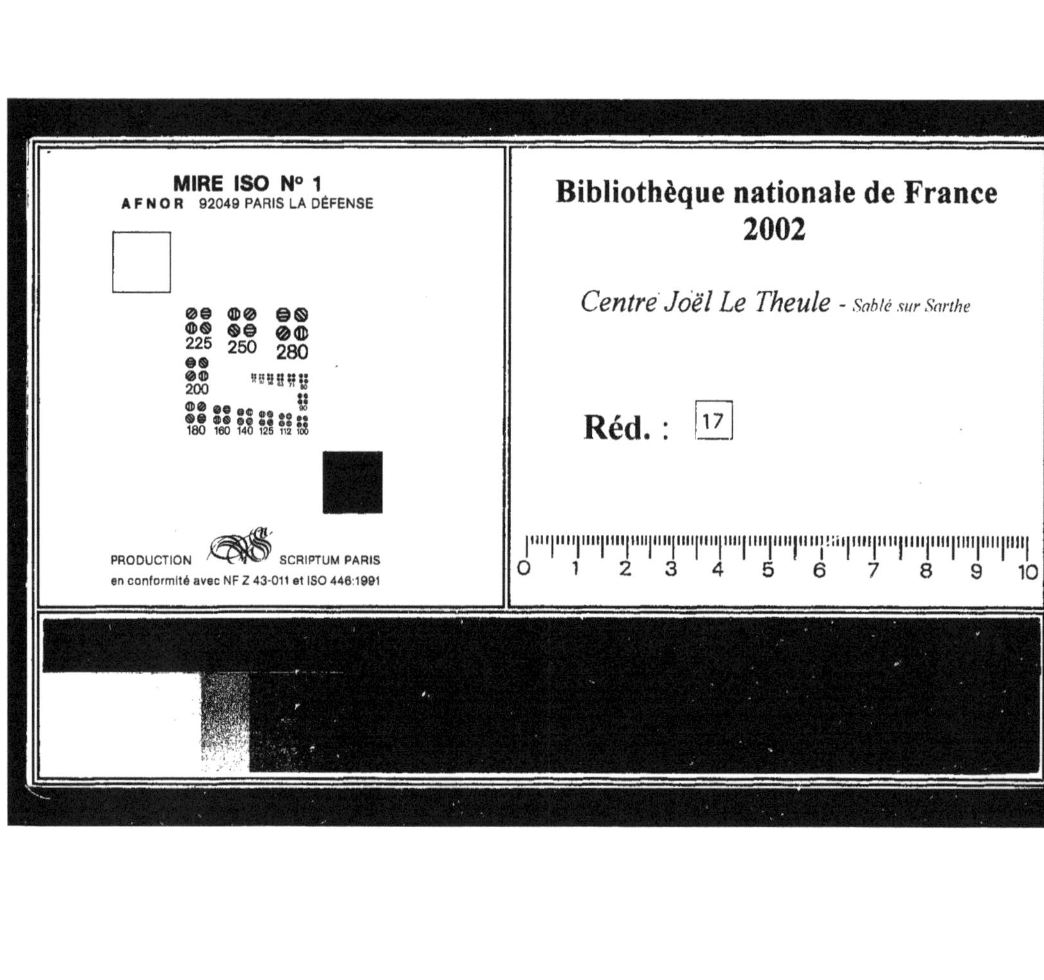

MIRE ISO N° 1
AFNOR 92049 PARIS LA DÉFENSE
225
250
280
200
180
160
140
125
112
100
PRODUCTION
SCRIPTUM PARIS
en conformité avec NF Z 43-011 et ISO 446:1991
Bibliothèque nationale de France
2002
Centre Joël Le Theule - Sablé sur Sarthe
Réd. : 17
0
1
2
3
4
5
6
7
8
9
10

www.ingramcontent.com/pod-product-compliance
Ingram Content Group UK Ltd.
Pitfield, Milton Keynes, MK11 3LW, UK
UKHW020239180726
13839UKWH00001B/72